KRISENHELDEN

GROSSE VERMÖGEN WERDEN IN
KRISENZEITEN GEBOREN.

Dieses Buch ist dir gewidmet.

If—

BY RUDYARD KIPLING

If you can keep your head when all about you
Are losing theirs and blaming it on you,
If you can trust yourself when all men doubt you,
But make allowance for their doubting too;
If you can wait and not be tired by waiting,
Or being lied about, don't deal in lies,
Or being hated, don't give way to hating,
And yet don't look too good, nor talk too wise:

If you can dream – and not make dreams your master;
If you can think – and not make thoughts your aim;
If you can meet with Triumph and Disaster
And treat those two impostors just the same;
If you can bear to hear the truth you've spoken
Twisted by knaves to make a trap for fools,
Or watch the things you gave your life to, broken,
And stoop and build'em up with worn-out tools:

If you can make one heap of all your winnings
And risk it on one turn of pitch-and-toss,
And lose, and start again at your beginnings
And never breathe a word about your loss;
If you can force your heart and nerve and sinew
To serve your turn long after they are gone,
And so hold on when there is nothing in you
Except the Will which says to them: 'Hold on!'

If you can talk with crowds and keep your virtue,
Or walk with Kings – nor lose the common touch,
If neither foes nor loving friends can hurt you,
If all men count with you, but none too much;
If you can fill the unforgiving minute
With sixty seconds' worth of distance run,
Yours is the Earth and everything that's in it,
And – which is more – you'll be a Man, my son!

Wenn …
VON RUDYARD KIPLING

Wenn du den Kopf bewahrst, ob rings die Massen
Ihn auch verlieren und nach Opfern schrein;
Dir treu sein kannst, wenn alle dich verlassen,
Und dennoch ihren Wankelmut verzeih'n;
Kannst warten du und langes Warten tragen,
Lässt dich mit Lügnern nie auf Lügen ein;
Kannst du dem Hasser deinen Hass versagen
Und doch dem Unrecht unversöhnlich sein:

Wenn du kannst träumen, doch kein Träumer werden;
Nachdenken – und trotzdem kein Grübler sein;
Wenn dich Triumph und Sturz nicht mehr gefährden,
Weil beide du als Schwindler kennst, als Schein;
Kannst du die Wahrheit sehn, die du gesprochen,
Verdreht als Köder für den Pöbelhauf;
Siehst du als Greis dein Lebenswerk zerbrochen
Und baust mit letzter Kraft es wieder auf:

Wenn du auf eines Loses Wurf kannst wagen
Die Summe dessen, was du je gewannst,
Es ganz verlieren, und nicht darum klagen,
Nur wortlos ganz von vorn beginnen kannst;
Wenn du, ob Herz und Sehne längst erkaltet,
Sie noch zu deinem Dienst zu zwingen weißt
Und durchhältst, auch wenn nichts mehr in dir waltet
Als nur dein Wille, der „Durchhalten" heißt:

Kannst du zum Volke ohne Plumpheit sprechen,
Und im Verkehr mit Großen bleibst du schlicht;
Lässt du dich nicht von Freund noch Feind bestechen,
Schätzt du den Menschen, überschätzt ihn nicht;
Füllst jede unerbittliche Minute
Mit sechzig sinnvollen Sekunden an:
Dein ist die Erde dann mit allem Gute,
Und was noch mehr, mein Sohn: Du bist ein Mann!

Weitere Informationen unter:

www.krisenhelden.de | www.sparesteuern.com
fragen@krisenhelden.de | +41 41 588 06 59

Baarerstrasse 34, 6300 Zug, Schweiz

Inhalt und Gesamtverantwortung: Marc Schippke
Dieser Titel ist auch als E-Book erhältlich.
Druck und Bindung: Keey GmbH

Quellenverzeichnis: www.krisenhelden.de/buch/quellen

ISBN: 978-3-9525288-0-8

Bibliografische Information der Schweizerischen Nationalbibliothek:
Die Schweizerische Nationalbibliothek verzeichnet diese Publikation in der Schweizerischen Nationalbibliografie; detaillierte bibliografische Daten sind im Internet über www.nb.admin.ch abrufbar.

Inhaltsverzeichnis

Unter vier Augen 7

Einleitung 11

Der Weg aus der Krise 19

Unternehmertum: zwischen Sicherheit und Reichtum 27

So denken Milliardäre 37

Investoren. Zwischen Fördern und Fordern. 45

Die Macht des Netzwerks 53

Warren Buffett und du 59

Zwischen Niederlage und Glücksfall 65

Erfolg braucht Timing. Und Zeit. 71

Von Großen lernen. Von Kleinen auch. 79

Wie Ideen entstehen 85

Digital macht's möglich 93

Scheitern möglich. Aber verboten. 105

Fehler zulassen? Oder vermeiden? 115

Chancen erkennen. Chancen schaffen. 123

Risiken und Reaktionen 133

Ein Blick nach vorn 143

Steuern oder: Was bleibt? 149

Dein Weg. Dein Ziel. Dein Leben. 161

Vermögen werden in Krisenzeiten geboren 169

Krisenhelden 179

PROLOG

Unter vier Augen

Der Traum eines jeden Menschen sind finanzielle Freiheit und ein Leben nach selbstbestimmten Regeln. Du hast mit Napoleon Hill, Robert Kiyosaki, Warren Buffett und Richard Branson vielleicht bereits in die üblichen Verdächtigen investiert und dazu regalweise Ratgeber und Biografien verschlungen. Du kennst die Erfolgsstories aus dem Silicon Valley ebenso wie die Lebensgeschichten der Dynastiegründer und Wirtschaftsikonen – und hast sicherlich auch schon wichtige und inspirierende Erkenntnisse aus ihrem Handeln und Denken gezogen.

Doch mit Willenskraft und der richtigen Geisteshaltung allein ist es nicht getan. Du brauchst echtes Praxiswissen, mutiges Unternehmertum und smarte Investmentstrategien. Und du brauchst ein verdammt gutes Timing.

Die gute Nachricht: Nie waren die Zeiten besser als heute, denn es herrscht weltweit – mal wieder – Krisenstimmung. Und Krise ist die Zeit, in der die meisten Menschen die Bettdecke über den Kopf ziehen und warten, bis die wirtschaftliche Schlechtwetterfront vorübergezogen ist. Jetzt schlägt die Stunde der Sieger, der Entschlossenen, die gern im Regen tanzen und die Schockstarre der anderen zu nutzen wissen.

Du kennst die Stories von Uber, Airbnb, WhatsApp und Instagram, die allesamt mitten in der Lehman-Krise gegründet wurden. Hättest du 2008 10.000 € in Starbucks-Aktien investiert, hättest du in 10 Jahren 200.000 € daraus gemacht. Es geht in diesem Buch natürlich nicht darum, diese Stories zum tausendsten Mal zu bloßen Motivationszwecken zu teilen. Es geht vielmehr darum, Chancen dort zu erkennen, wo andere sich wegducken. Und es geht darum, in Zeiten der Angst Mut zu beweisen und Verantwortung für sich und seine Familie zu übernehmen. Wenn andere in zwei Jahren am Tresen immer noch über Corona und den Frust des Shutdowns und die darauf folgende Zeit der neuen Weltwirtschaftskrise sprechen, wirst du hoffentlich die ersten Früchte deiner Handlungsbereitschaft in Krisenzeiten ernten, während die meisten Menschen geschlafen und gewartet haben. Du kannst und wirst das schaffen – wenn du zu denen gehörst, die nicht nach unten, sondern nach oben gezogen werden möchten.

Jede Krise in den letzten 500 Jahren hat Gewinner und Verlierer hervorgebracht. Wenn Börsen zusammenbrechen, wird es immer Menschen geben, die investieren, die Aktien kaufen oder ein Unternehmen gründen und damit den Grundstein für Vermögensbildung und -wachstum legen; und es wird immer Menschen geben, die zwar gründen wollen, dann aber doch zögern und ihr altes Leben weiterleben. Du kannst jetzt entscheiden, auf welcher Seite du stehen möchtest.

Dieses Buch habe ich geschrieben, um dir eine Entscheidungshilfe an die Hand zu geben: Wie erkenne ich Chancen? Wie entstehen lukrative Geschäftsideen? Kann man Glück steuern? Wie kann ich meine Kreativität auf das nächste Level heben? Welche Netzwerke sind für mein Geschäftskonzept sinnvoll? Und ganz wichtig: Wie kann ich höhere Risiken eingehen, ohne Sicherheiten aufs Spiel zu setzen? Zahlreiche Stories und Fallbeispiele belegen, was in harten Zeiten und entgegen großen Widerständen funktionieren kann und was zum Scheitern verurteilt ist. Sie sollen dich inspirieren, deine bisherigen Einstellungen zu überdenken und neue Denkstrukturen zuzulassen.

> “Vermögen entstehen in Krisenzeiten. Erfolge im Kopf. Mach die Krise der anderen zum Sprungbrett in deine finanzielle Unabhängigkeit.”

Einleitung

Wir sind völlig entspannt, wenn alles im Leben glattläuft und genießen es, wenn unsere Erfolge und Alltagsanstrengungen mit einem Anstieg unserer Entwicklungs- und Umsatzkurven einhergehen. Es gibt aber immer auch Momente, in denen es nicht so gut läuft. Wenn sich diese Momente über einen längeren Zeitraum erstrecken, nennen wir sie Krise. Aber wir stecken den Kopf nicht in den Sand, denn wir wissen aus Erfahrung, dass jede Krise per definitionem immer auch ein Ende hat. Wir üben uns in Geduld, warten die Entwicklung ab und denken – leider nur vereinzelt – darüber nach, was wir nach der Krise anders und besser machen sollten, angetrieben von dem Glaubenssatz: ***„Wer vorbereitet ist, hält länger durch.“***

So manche Krise ist hausgemacht. Job-, Persönlichkeits- und Beziehungskrisen zum Beispiel, an denen wir fast immer auch eine Teilschuld tragen, auch wenn wir das weder zugeben noch wahrhaben wollen. Wir bewältigen sie aus eigener Kraft und lernen unsere Lektion. Anderen Krisen sind wir allerdings scheinbar hilflos ausgeliefert, denn sie werden außerhalb unseres Einflussbereichs oder sogar am anderen Ende der Welt ausgelöst: Weltwirtschaftskrise, Ölkrise, Finanzkrise, Klimakrise und Coronakrise trafen uns unvorbereitet und mit voller Wucht. Von der Krise zur Katastrophe ist es oftmals nur ein kleiner Schritt, und wir standen in den letzten 100 Jahren schon so oft am Abgrund, dass wir mit Schrecken und eigenen Augen erkennen mussten, wie tief ein Tal sein kann.

In Krisenzeiten gehen Schreckensszenarien mit negativen Schlagworten Hand in Hand, denn Bad News sind Good News. Von solchen Begriffen ist die Coronakrise zwar Gott sei Dank weit entfernt, aber es gilt auch hier der Lehrsatz: Keine Krise ohne Konsequenzen. Sozial- und Wirtschaftsexperten sind sich einig: Nach der Coronakrise kommt die Schuldenkrise, gefolgt von einer Welle von Insolvenzen und Zwangsversteigerungen, die von sinkenden Immobilienpreisen geprägt sein werden. Ein deutlicher Anstieg der Arbeitslosenzahlen gibt unserer Volkswirtschaft dann den Rest. Du hast das Muster längst erkannt: Es sind exakt dieselben Folgen, die wir schon aus anderen Krisen kennen, denn am Ende wird jede Krise zu einer Wirtschaftskrise, ganz gleich, mit welchem Namen wir sie am Anfang schmücken. Corona ist ein globales Problem. Die daraus erwachsende Krise ebenfalls. Es gilt: Je vernetzter die Welt, desto größer das Chaos. Fortschreitende Vernetzung und Globalisierung haben nicht nur die Verbreitung des Coronavirus beschleunigt; sie werden auch dazu beitragen, die Folgen zu potenzieren. Schätzungen der UN-Sonderorganisation IAO zufolge sollen Stand Mai 2020 bis zu 1,6 Milliarden Arbeitsplätze in der Weltwirtschaft unmittelbar bedroht sein.

Die Rechnung ist einfach, ein Bierdeckel reicht aus: Unternehmen brauchen Einnahmen, die den Planzahlen entsprechen, um existieren zu können. Wenn Einnahmen über längere Zeit ausbleiben, geht es an die eisernen Reserven, die das Unternehmen in wirtschaftlich schlechten Zeiten über Wasser halten sollen – wenn sie denn in guten angelegt wurden, was erschreckenderweise nur selten der Fall ist. Allerdings generiert jedes Unternehmen auch in schlechten Zeiten Umsätze – bei einem verordneten Lockdown allerdings gar nichts. Wenn das Geld weg und Corona noch da ist, hofft man auf Staatshilfen, aber auch die haben ihre Grenzen. Tausende von kleinen Unternehmen stehen am Abgrund. Wer eine Krise unbeschadet meistern möchte, braucht ein Vorsorgekonzept. Und wer sogar als Gewinner aus der Asche aufsteigen möchte, braucht Gleichgesinnte, ein starkes Netzwerk, das die notwendigen Kompetenzen und das erforderliche Know-how beisteuert. Albert Einstein hat es einst auf den Punkt gebracht: „Inkompetenz ist die wahre Krise." Ob als Angestellter, Unternehmer oder Investor: Als Teil der Krisenhelden-Community nutzt du die Krise als Chance, um die nächsten Krisen mit Gelassenheit annehmen und mit klarem Kopf meistern zu können. Unser Angebot glänzt mit Vielfalt und Inspiration: konstruktives und hochqualitatives Insiderwissen; Meinungen, die Perspektiven schaffen; Schulungsvideos von Experten; exklusive Interviews, bei denen wir tief in die Karten schauen; Investitions- und Finanzierungs-Know-how; Empfehlungen für Software-Tools, die deinen Businessalltag noch effizienter gestalten; extrem profitable Investment-Deals; und insgesamt die besten Strategien, um dein Unternehmen, deine Projekte und deinen Vermögensaufbau massiv nach vorn zu bringen.

Infolge der Weltfinanzkrise 2008-2010 erlebte ich selbst, wie Angst den Blick vernebeln und zu irrationalem Handeln verleiten kann. Hinter jeder Ecke schienen Armageddon und der Tag der Abrechnung auf die armen Sparer zu warten. Tatsächlich haben diejenigen, die damals massiv in Immobilien, Aktien und Unternehmungen investiert haben, seitdem ein Millionen-Vermögen aufgebaut, während die Ängstlichen schon wieder zaghaft an ihren Gold-Nuggets kauen. Ich komme selbst aus einem Harz-IV-Haushalt und musste mir die Chancen auf gute Bildung und erfolgreiches Unternehmertum hart (und smart) erkämpfen. Und wenn ich eines in 13 Jahren gelernt habe, dann ist es, dass es gerade Schmerzen, Ängste und äußerer Druck sind, die uns enorm wachsen lassen, wenn wir bereit sind, die Herausforderungen des Lebens mutig und entschlossen anzunehmen. Während die breite Bevölkerung sich in Sorgen verkriecht, machen ein paar Mutige ein Vermögen. Meine Vision ist es, dass so viele Menschen wie möglich die aktuellen und noch kommenden Krisenzeiten wie einen Katalysator für sich nutzen, statt daran zugrunde zu gehen.

Denn die Welt ist im Wandel und die aktuelle Krise dient als Beschleuniger der längst allgegenwärtigen Digitalisierung und Automatisierung. Disruption ist tägliche Realität.

Maschinen übernehmen unsere Arbeitsplätze, zahlen aber nicht ins Sozial- und Rentensystem ein. Weder der Staat noch der Arbeitsmarkt sind wirklich auf die aktuelle Entwicklung vorbereitet. Das Rentensystem lässt künftig Millionen Menschen im Stich, der Staat vergreift sich immer frecher an der harten Arbeit der Bürger, das Finanzsystem verteilt in atemberaubender Geschwindigkeit jedes Jahr hunderte Milliarden Euro von fleißig nach reich. Und mit jeder Finanzkrise und jedem staatlichen Rettungspaket werden die Ersparnisse der Bürger in größere Gefahr gebracht. Im Rahmen unserer Wirtschaftsberatung begleiten wir smarte Unternehmer jeden Tag dabei, ihre Steuerlast zu reduzieren, ihr Vermögen zu mehren und zu schützen und sicher durch die kommenden Zeiten zu navigieren. Dieses Insider-Wissen noch viel mehr Menschen zugänglich zu machen, ist das Ziel unserer Bewegung der Krisenhelden.

Wir geben dir wertvolle Tools und Strategien an die Hand, mit denen es dir gelingt, Vermögenswerte aufzubauen, zu schützen oder zu vermehren. Es gilt jetzt, die Kompetenzen zu finden und zu nutzen, die in diesen Zeiten für diese Zwecke gefordert sind. 99 % aller Menschen werden mit den Folgen der Krise über Jahre beschäftigt sein, denn sie verlassen sich darauf, dass andere es für sie richten werden. Wer sich auf andere verlässt, ist allerdings meist selbst verlassen. Wie immer wird sich die Masse am Wiederaufbau der eigenen Existenz aufreiben, um die Früchte ihrer Arbeit in der nächsten Krise wieder zu verlieren. Wer aus einem Hamsterrad ausbrechen möchte, muss zuerst einmal erkennen, dass er drin ist.

Nur die wenigsten sind bereit, in Krisenzeiten die Zukunft ihrer Familie und ihres Unternehmens (und damit ihre eigene) selbst in die Hand zu nehmen. Nur die wenigsten sind bereit, in Krisenzeiten in Werte zu investieren, die Veränderung überhaupt erst möglich machen. Das Streben nach Veränderung reicht allerdings nicht aus – erst die Bereitschaft, den dafür erforderlichen ersten Schritt zu tun, setzt die Dinge in Bewegung. Erfolg basiert zudem auf der Bereitschaft, gegen den Strom zu schwimmen. Lachse können ein Lied davon singen. Kurz: Die wichtigste Bereitschaft ist die Bereitschaft zu handeln, Risiken auf sich zu nehmen und Neues zu versuchen. Versuchen beinhaltet natürlich immer auch die Möglichkeit des Scheiterns, aber mit der richtigen Strategie lässt sich auch dieses Risiko minimieren. Wie heißt es so schön? Intelligenz macht Fehler – Dummheit wiederholt sie. Hand aufs Herz: Wir können Krisen nicht vermeiden oder global steuern, aber wir können durchaus bestimmen, wie wir selbst darauf reagieren und unsere Segel so setzen, dass der Wind der Veränderung zu unserem eigenen starken Antrieb wird.

Passivität ist nichts für Macher. Inspiration schon. Willkommen bei den Krisenhelden.

KAPITEL 1

Der Weg aus der Krise

Ronald Reagan war ein glänzender Rhetoriker. Der durch den Kalten Krieg, die Invasion Grenadas und die Iran-Contra-Affäre krisenerprobte Präsident hatte einst mit Blick auf die Turbulenzen der allgemeinen politische Lage den wunderschönen Satz geprägt:

> Status quo is Latin for the mess we're in.

Der Status quo der Welt ist auch in der aktuellen Krise mit dem Wort „Chaos" durchaus treffend beschrieben. Corona hat zahlreiche Menschenleben gekostet, aber nur wenige wachgerüttelt. Dafür wurden umso mehr Menschen entlarvt: Kaum hatte die Politik die ersten Maßnahmen verordnet, haben die politischen und medialen Panikmacher via Social Media ihre Lemminge in die Supermärkte getrieben. Nudeln und Toilettenpapier standen auf dem Einkaufszettel, denn die Kombination dieser beiden Artikel ist – ein jeder weiß es – das Schweizer Taschenmesser der Überlebenskünstler. Alles zu mir, nichts für die anderen: Die vordefinierten Verlierer der Krise zeigten früh ihr wahres Gesicht.

Krisen finden erst einmal nur in Köpfen statt. Erst die Ergebnisse des Denkens und Bewertens setzen Veränderungen und Reaktionen in Gang. Bei den Ängstlichen macht sich dann relativ schnell Endzeitstimmung breit, und unterhalb von Verschwörungstheorien oder des Worst Case macht es kaum einer von ihnen: Auf Corona folgt garantiert die Pest, und nach der Pest kamen schon in der Bibel die Heuschrecken. Der Hashtag #zuhausebleiben war ein durchaus guter Ratgeber, aber wenn man dort nur auf dem Sofa sitzt und untätig auf das drohende Ende wartet, um nach der Krise auf dem hauseigenen Bankkonto die Toten zu zählen, ist die Quintessenz mehr als eindeutig: Jeder ist seines Glückes Schmied, und Initiative ist ein verdammt gutes Werkzeug, sich aus dem Status quo herauszuschaufeln.

Selbst ist der Mensch

Pflegekräfte im Dauereinsatz, der Rest stillgelegt oder im Homeoffice: Corona hat unser Leben auf den Kopf gestellt. Soziale Kontakte waren auf ein notwendiges Minimum zu reduzieren, und Unternehmen wurden in die beiden einzigen Schubladen „vorübergehend geschlossen“ und „systemrelevant“ gesteckt. Während in Krankenhäusern Hochbetrieb herrschte, war draußen Entschleunigung befohlen. Gründer fanden sich auf der Standspur wieder, auch wenn sie gerade erst voller Tatendrang den Weg von der Boxengasse auf die Überholspur gefunden hatten.

Unentschlossenheit ist ein schlechter Ratgeber. Pandemien gab es schon immer; Viren mutieren jedes Jahr mehrfach und liefern sich einen konstanten Schlagabtausch mit dem hochkomplexen Wunderwerk des Immunsystems, aber wenn Regierungen und Gesundheitsbehörden völlig irrational durchdrehen, entsteht das wahre Chaos. Auch in Deutschland waren Bund und Länder uneins. Entscheidungen wurden anhand der Tagesform getroffen, wodurch die Unsicherheit noch zunahm. Die logische Folge: Existenzängste auf breiter Front, denn Zeit ist Geld, und ganz besonders die verlorene. Dabei genießen wir im Speckgürtel Europas durchaus üppige Polster, denn die meisten leben bei uns von Quartal zu Quartal oder zumindest von Monat zu Monat. In den USA sieht das schon anders aus: Dort lebt ein großer Teil der Bevölkerung im Wochenrhythmus (Arbeitslosigkeit beginnt auf Zuruf), und in den Entwicklungsländern gibt es immer noch viele, die nicht wissen, was am nächsten Tag auf dem Teller liegt – oder ob er sogar leer bleibt. Was wir als Wirtschaftskrise bezeichnen, ist für andere gelebter Alltag.

Wir leben am liebsten im Hier und Jetzt, sollten aber den Schuss vor den Bug ernst nehmen und darüber nachdenken, ob unsere aktuelle Lage das ist, was wir für den Rest unseres Lebens anstreben. Jede Krise ist wirtschaftliche Dissonanz, hat aber zumindest als Weckruf auch ihre gute Seite.

Wenn du für alle Zeiten auf der anderen Seite der Angst leben möchtest, solltest du über alternative Möglichkeiten nachdenken. Jeder Gedanke über Veränderung verändert dich, denn er eröffnet dir neue Blickwinkel, die wiederum neue Meinungen zulassen. Gewinner werden immer die sein, die nach Inspiration und Möglichkeiten suchen, denn Möglichkeiten sind immer auch ziemlich gute Startpunkte für Veränderungen. Chancen kann schließlich immer nur der erkennen, der auch nach ihnen Ausschau hält.

Alle Menschen möchten (erfolg-)reich, glücklich und bewundert werden. Das Problem dabei ist das Wort „werden", denn es setzt Veränderung, Wandel, Metamorphose voraus – und davor haben die meisten Menschen Angst. Dabei ist es gar nicht der Wandel selbst, vor dem sie zittern. Auch das Verlassen der Komfortzone ist keine nennenswerte Hürde. Vielmehr ist es die Möglichkeit des Scheiterns, die sie zurückhält: Welcher Häme meines Umfelds bin ich für den Rest meines Lebens ausgesetzt? Und wie gehe ich selbst mit einer echten Niederlage um? Der größte und mutigste Schritt auf dem Weg zum persönlichen Glück, den die meisten Menschen zu gehen bereit sind, ist das Ausfüllen eines Lottoscheins. Während Sieger nach Wegen und Möglichkeiten suchen, suchen Verlierer lebenslänglich nach Ausreden, Entschuldigungen und Glückszahlen. Und wenn sie mit 60 im Lotto gewinnen und so viel Geld haben, dass sie 300 Jahre alt werden müssten, um es auszugeben, erkennen sie, dass sie sich in den letzten 30 Jahren auf ein Ende mit 65 konditioniert haben.

Veränderung setzt immer voraus, dass man Entscheidungen trifft. An dieser Stelle zögern viele, während andere die Notwendigkeit des Handelns erkennen. In aller Regel haben wir mehrere Optionen, aus denen wir eine wählen müssen. Hier trennt sich die Spreu vom Weizen: Während die Unentschlossenen zögern, würfeln oder sich einfach für die vermeintlich sicherste Variante entscheiden, nutzen die Erfolgreichen ihre Analyse- und Filtersysteme, um Gut von Schlecht zu trennen, um dann zügig die beste Wahl zu treffen. Die richtige Mischung aus Resilienz und Stressresistenz bietet beste Voraussetzungen für rationalere Entscheidungen und schnelleres Erkennen – und erzeugt damit Vorsprünge und Vorteile.

Letztendlich ist Krise immer auch eine Frage der Wahrnehmung, denn wenn wir die Notwendigkeit erkennen, den Status quo zu ändern, erkennen wir auch Chancen. Wenn du aus der Krise heraus unternehmerische Erfolge feiern möchtest, ist finanzielle Selbstbestimmung ein kluger erster Schritt. Ein Plan und die richtige Portion Durchhaltevermögen sind beste Voraussetzungen dafür. Doch Achtung: Wenn du deinen persönlichen Schatz auch tatsächlich heben möchtest, musst du die ganze Schatzkarte betrachten und bereit sein, nicht nur an der Oberfläche des Kreuzes zu kratzen, sondern den Spaten in der Tiefe deiner Glaubenssätze anzusetzen. Soll heißen: Lass andere Meinungen zu. Entwickle ein Gespür für das Sinnvolle. Hinterfrage alte Gewohnheiten und Rezepte. Hinterfrage alles. Und ganz wichtig: sei flexibel. Flexibilität ist eine wichtige Voraussetzung für Erfolg, und das Maß der Intelligenz definiert sich bekanntlich über die Fähigkeit und die Bereitwilligkeit, sich selbst zu ändern.

Wie flexibel bist du?

Kapitelkonzentrat

Krisen entstehen in Köpfen. Wer sie meistern möchte, muss Veränderung zulassen und Chancen nutzen, denn Chancen machen auch vor Krisen nicht halt. Die einzige Hürde, die im Weg steht, ist die Angst vor dem Scheitern; aus ihr entsteht der Mangel an Bereitschaft, Entscheidungen zu treffen. Wer für die nächste Krise gewappnet sein möchte, muss finanzielle Selbstbestimmung anstreben. Das richtige Mindset ist der Schlüssel dazu.

KAPITEL 2

Unternehmertum: zwischen Sicherheit und Reichtum

Besitzt du einen Kühlschrank, einen Fernseher und eine Mikrowelle? Bestimmt. Wie sieht es mit einem schicken Flaggschiff-Smartphone aus? Vermutlich ebenfalls. Genießt du damit tagtäglich die Vorzüge des Internets? Und fliegst du regelmäßig in den Urlaub, wo du an Traumstränden Jet-Ski fährst oder als Taucher die faszinierenden Reichtümer der Unterwasserwelt erkundest? Die Wahrscheinlichkeit für all das ist relativ hoch. Als Frischluftfanatiker hast du vielleicht sogar schon einmal irgendwo in einem Outdoor-Jacuzzi oder einem Porsche Cabrio Platz genommen – oder einfach nur auf einer Parkbank, um dort bei einem Kaffee von Starbucks die Frühlingssonne zu genießen.

Willkommen in der Gegenwart. In der Zeit, in der diese großen und kleinen Annehmlichkeiten fast schon zu

Selbstverständlichkeiten geworden sind. Auf all diese Annehmlichkeiten mussten die superreichen Gründer der größten Dynastien der Neuzeit – Rockefeller, Carnegie, Vanderbilt, J.P. Morgan, Alfred Krupp, Friedrich Karl Henkel – zeit ihres Lebens verzichten. Und sie waren trotzdem die beneidenswertesten Menschen ihrer Epoche. Vermutlich zählten sie sich selbst sogar zu den glücklichsten. Doch auch wenn ihre Kutschen bereits mit edlen Ledersitzen ausgestattet waren, wirst du dennoch nicht für alles Geld der Welt mit einem dieser Milliardäre tauschen wollen. Oder etwa doch? Tauche ruhig für einen Moment in dieses interessante Gedankenexperiment ein. Glaub mir, ich kenne deine Antwort. Schließlich durftest du von den Früchten des Fortschritts ausgiebig naschen.

Wer sich mit einem Coffee-to-go auf eine Parkbank setzt und über seine Zukunft und seine Ziele nachdenkt, denkt nicht gleich in Dynastiedimensionen. Auch Reichtum steht bei den meisten noch nicht unter den Top Ten auf der To-do-Liste. Die primären Ziele heißen Sicherheit und Unabhängigkeit, denn darauf baut alles andere auf. Selbstständigkeit ist eine gute, wenn nicht sogar die beste Voraussetzung für Unabhängigkeit, und mit der kannst du das Thema Sicherheit gezielt angehen. Unabhängigkeit ist elementar, denn wenn du dein Leben nicht mit deinen eigenen Mitteln selbst gestaltest, dann übernehmen andere diese Aufgabe. Und glaub mir: Sie werden es mit Sicherheit nach ihren eigenen Vorstellungen gestalten, nicht nach deinen. Als Angestellter musst du verdammt gut sein, denn nur wenn du in deinem Unternehmen Unentbehrlichkeitsstatus erreicht hast, kannst du auch wirtschaftlich aufsteigen, um auf diesem Weg Sicherheit zu erlangen. Und wenn du tatsächlich so gut bist, solltest du dir im nächsten Schritt überlegen, was dich dann noch von der Selbstständigkeit abhält. Schließlich hat es gute Gründe, dass du in deinem Team der Beste bist: Du verfügst über außerordentliche Kompetenzen, denkst bereits unternehmerisch und kannst Risiken durchaus nüchtern bewerten.

Aber längst nicht jeder trägt das Unternehmergen in sich. Und das ist auch gut so, denn sonst hätten wir ein verdammt großes Problem, insbesondere in Bezug auf Fachkräfteverfügbarkeit und Nachwuchs. Geregelte Arbeitszeiten, freie Wochenenden, soziale Absicherung, mehr Zeit für Familie und Freizeit, das gute Gefühl, wenn man befördert oder nach erbrachten Höchstleistungen mit einem ehrlichen Schulterklopfen der Führungskraft belohnt wird: Das alles klingt zwar auf den ersten Blick nach Netz und doppeltem Boden, auf den zweiten allerdings mehr nach Hängematte und Handschellen. Denn wie viel Kontrolle bleibt dir noch über dein Leben, wenn dein Job doch das ist, was dich prägen und ausfüllen soll? Und wie um alles in der Welt motivierst du dich eigentlich, wenn deine besten Ideen nicht dein Konto bereichern, sondern das deines Brötchengebers? Am Ende des Tages wirst du außerdem zugeben müssen, dass „unentbehrlich" kein Synonym für „unkündbar" ist. Eine falsche Bewegung, ein falsches Wort, und du kannst die Architektur von außen bewundern. Wie viel Sicherheit bleibt dann noch übrig?

Die Vorzüge des Angestelltendaseins sind offen sichtbar; die Schattenseiten hingegen liegen – der Begriff legt es nahe – im Dunkeln.

Schatten wird durch Licht erzeugt, und ein Vorteil kann sich in einem anderen Licht als Nachteil herausstellen. Kollegen zum Beispiel sind in der überwiegenden Mehrheit nette Menschen, die unsere Sehnsucht nach sozialer Bindung und Zugehörigkeit erfüllen. Viele Freundschaften und sogar so manche tiefer gehende Beziehung werden am Arbeitsplatz geknüpft. Aber je größer das Team oder die Abteilung, desto höher die Wahrscheinlichkeit, eine Nervensäge zu erwischen. Arbeitsplätze darf man sich als Angestellter weitestgehend aussuchen, Kollegen eher nicht. Wenn nicht die Arbeit, sondern die Nervensäge deinen Job prägt, hast du ein Problem. Aber ob Freund oder Nervensäge: Letztendlich konkurrierst du mit jedem Einzelnen von ihnen um den Führungsposten, der nächstes Jahr frei wird. Und dabei kann eine Freundschaft schon mal auf der Strecke bleiben. Auf den Sprossen der Karriereleiter ist nicht für jeden Platz, und wenn der mit den breitesten Ellenbogen das Rennen macht, schaut der mit den größten Kompetenzen in die Röhre. Kein Wunder also, dass 85 % aller Angestellten eher unzufrieden mit ihrem Job und ihrer Position sind. Wenn du zu den goldenen 15 % gehörst, dann geh deinen Weg weiter. Sei dir aber bewusst, dass Blätter die Angewohnheit haben, sich eines Tages zu wenden. Je später dieses Ereignis eintritt, desto größer die Reue – und desto niedriger die Wahrscheinlichkeit, dass man dir in deinem fortgeschrittenen Alter in einem anderen Unternehmen noch eine ähnliche Position anbietet. Und für die Selbstständigkeit ist es dann fast schon zu spät. Dann kommt irgendwann der Punkt, an dem du dir eingestehen musst, dass der Abstieg eine unmittelbare Konsequenz deiner persönlichen Entscheidungen ist.

Geld hat immer zwei Seiten

Regelmäßiges Einkommen, mit dem man zumindest mittelfristig kalkulieren kann, ist eine feine Sache. Was nicht so fein ist: Mit deinem Gehalt ist deine Arbeit entlohnt. Es wird dir niemals gelingen, mit der harten Arbeit des vergangenen Jahres zusätzliches Einkommen zu generieren. Diese Geldquelle bleibt Unternehmern vorbehalten. Des Weiteren musst du jeden Tag für dein eigenes Geld arbeiten, aber nur Unternehmer verdienen Geld mit der Arbeit von anderen. Und sei ehrlich: Wenn du über Jahre jeden Tag dasselbe machst, können Passion und Obsession kaum Teil deines Jobs sein. Auf Anfrage wird dir natürlich jeder bestätigen, wie erfüllend und abwechslungsreich sein Job ist. Doch die meisten belügen sich dabei selbst. Du arbeitest zwar lösungsorientiert und effizient, aber ermöglicht dir das auch, deine eigenen Ziele zu erreichen? Oder investierst du nicht vielmehr deine komplette Arbeitskraft, all deine Ideen und Fähigkeiten, um die Ziele von anderen umzusetzen?

Wenn Arbeit zur Alltagsroutine wird, nagt das kontinuierlich am Selbstwertgefühl. Denn welche Möglichkeiten bleiben dir, dich weiterzuentwickeln? Auf der einen Seite wird deine Arbeitszeit mit befohlenen Seminaren und langweiligen Meetings auf eine Zerreißprobe gestellt, auf der anderen Seite musst du bei Auftragsmangel die bezahlte Zeit untätig im Büro absitzen. Im Wertekanon der Unternehmensphilosophie steht schwarz auf weiß, wie wichtig Vertrauen und Wertschätzung sind. Aber wenn du eines

Tages vorschlägst, im Homeoffice zu arbeiten, schlägt dir blankes Misstrauen entgegen, denn dir wird insgeheim unterstellt, dass du dort nicht die Unternehmenszahlen erhöhst, sondern deinen persönlichen Highscore bei Angry Birds. Dann schaltest du trotzig um in den „Dienst nach Vorschrift"-Modus. Welcher Tropfen bringt dein Fass zum Überlaufen?

Zugegeben: Die Komfortzone ist durchaus erstrebenswert, denn sie entspricht in groben Zügen dem Wesen des Menschen. Allerdings verwechseln die meisten Komfort mit Sicherheit. Als Angestellter wirst du von der Personalabteilung zweimal im Jahr bewertet, aber hast du dir selbst schon einmal ein Zeugnis ausgestellt? Was bist du dir selbst wert? Verdienst du tatsächlich das, was du verdienst?

Kannst du aus dem Stegreif mehr als drei Angestellte nennen, die es im Leben zu wahrem Wohlstand, finanzieller Unabhängigkeit oder gar Reichtum geschafft haben, Geschäftsführer und Vorstandsmitglieder ausgenommen? Vermutlich nicht, denn Wachstum und Großzügigkeit haben hier klare Grenzen.

Es gibt immer noch viele Unternehmen, die eine Gehaltserhöhung in Aussicht stellen, wenn man lange genug dabei ist. Aber ist das wirklich leistungsgerechte Bezahlung, wie sie seit Jahren von allen Seiten gefordert wird? Hat ein Jüngerer nicht mehr verdient, wenn er deutlich besser ist als der Jubilar? Wie viele Jahre musst und willst du warten, bis du das verdienst, was du brauchst und was du wert bist? Die

Bedrohung schwebt wie ein Damoklesschwert lebenslang über dir: Wenn du alt bist und viel verdienst, wirst du gegen einen Jüngeren ausgetauscht, der mit weniger zufrieden ist. Oder gegen gar keinen, denn der kostet gar nichts. In Krisenzeiten greifen Unternehmen zu Sparmaßnahmen, und das größte Sparpotenzial bieten nun einmal die Personalkosten.

Und so tauschen Angestellte bis zur Entlassung weiterhin Arbeitskraft und -zeit gegen Geld, und du kannst dir schnell ausrechnen, welche Seite am meisten dabei verdient: Dein Chef bezahlt dich an jedem Ersten mit einem Lächeln, weil er weiß, dass du ein Vielfaches an Umsatz generierst. Gute Arbeit, Meier, weiter so. Wenn die Gehaltserhöhung sich anfühlt wie ein Gnadenbrot oder ein Akt der Großzügigkeit, mit dem sich das Unternehmen als „Great Place to Work" profilieren möchte, ist die Motivation klinisch tot.

Auf der anderen Seite gibt es für Gründungswillige viele Gründe, gar nicht erst zu gründen. Einer davon ist das persönliche Umfeld, das dir die Selbstständigkeit ausredet und Talentfreiheit einredet. Und das so lange, bis du selbst daran glaubst. Es gibt auch Menschen, denen die Work-Life-Balance auf ewig heilig ist und natürlich all diejenigen, die mit ihrem Leben und ihrem erreichten Lebensstandard durchaus zufrieden sind. Unternehmertum ist nun einmal Hingabe, nicht Lifestyle. Die erste Zeit ist die schwerste, denn wenn die Kapitaldecke dünn wird, ist gelegentlich auch Gehaltsverzicht das Gebot der Stunde. Und wenn an 16-Stunden-Tagen hart verdientes Geld auf dem Konto landet, fliegt es gleich weiter: Steuervorauszahlungen müssen geleistet werden; Krankenkassen-Höchstbeiträge müssen ohne Arbeitgeber-Anteil gestemmt werden; und der günstige Dienstwagen ziert auch nicht mehr deine Auffahrt. Und nicht zu vergessen: 30 bezahlte Urlaubstage müssen ebenfalls gegenfinanziert werden. Die größte Last auf deinen Schultern heißt allerdings Verantwortung, denn jede Entscheidung musst du ab sofort allein fällen. Es gibt schlicht und einfach keine anderen Schultern mehr, auf die sich diese lästige Pflicht abwälzen lässt.

Hast du deine Karriere schon zu Ende gedacht?

Kapitelkonzentrat

Selbstständigkeit ist die beste Basis für Sicherheit und Unabhängigkeit. Als Angestellter kannst du Unentbehrlichkeitsstatus erreichen, der Sicherheit allerdings oft nur vorgaukelt. Unentbehrlich ist schließlich kein Synonym für unkündbar. Machtkämpfe im Unternehmen musst du gezwungenermaßen annehmen, wenn du die Karriereleiter erklimmen möchtest. Wenn du bereit dazu bist, solltest du dich fragen, ob diese Bereitschaft nicht ein hervorragendes Argument für die Selbstständigkeit ist.

KAPITEL 3

So denken Milliardäre

Für Southwest Airlines ist Liebe nicht nur ein Wort, denn die Fluggesellschaft lebt Liebe bis ins Detail: Das Logo ziert ein dreifarbiges Herz, und das Kürzel an der New Yorker Börse lautet LUV. Das „Love Theme" zieht sich durch die gesamte Corporate Identity, wird von den Mitarbeitern Tag für Tag gelebt und von der Unternehmensführung konsequent gefördert. Herb Kelleher, der 1967 gemeinsam mit Rollin King Southwest Airlines gründete und bis 2007 leitete, hat früh verstanden, dass auch Mitarbeiter „geliebt", sprich: wertgeschätzt und umsorgt werden möchten. Auf die Frage nach seinem Erfolgsgeheimnis antwortete er dem Magazin Fortune:

> „Sei bei deinen Mitarbeitern, wenn es Probleme gibt. Und sei ihnen nicht im Weg, wenn die Dinge gut laufen."

Das gesamte Unternehmenskonzept hatte der außergewöhnliche Manager Anfang der Siebziger auf eine Serviette gekritzelt, und eine gerichtliche Auseinandersetzung um einen Slogan wurde auch schon einmal durch Armdrücken entschieden. Das alles nennt man wohl schlicht und einfach unkonventionell, aber ist „unkonventionell" im Businessbereich nicht genau dasselbe wie „Nischendenken"?

Ab in die Oper

Im Juli 1979 erblickte er zum ersten Mal das Licht der Welt: der Sony Walkman. Sony-Ehrenpräsident Masaru Ibuka liebte Opern und wollte sie auch auf Transatlantikflügen genießen. Die vorhandenen Abspielgeräte waren wegen ihrer Sperrigkeit nicht zweckmäßig, und so beauftragte er die Entwicklungsabteilung mit dem Bau einer möglichst handlichen Alternative. Kurze Zeit später klopften die Entwickler an seine Bürotür, um voller Stolz das Ergebnis zu präsentieren. Ibuka nickte anerkennend, hielt dann aber kurz inne und fragte, welche Funktion der Knopf an der Seite habe. Die Ingenieure erklärten, dass es sich hier um eine Aufnahmefunktion handelt. Man habe sie eingebaut, weil sie die Produktionskosten um lediglich einen Dollar erhöhe. „Weg damit!", befahl der Präsident. Ihm ging es dabei nicht um die Vermeidung der Mehrkosten. Seine durchaus berechtigte Befürchtung war gleichzeitig weise Voraussicht: Kunden kaufen das Gerät nicht, weil sie vermuten könnten, dass es sich um ein Diktiergerät für Journalisten handelt. Noch heute nutzen App-Entwickler diese Herangehensweise:

Sie nehmen bei einem Update Funktionen weg und testen, wie die Kunden reagieren. „Keep it simple" war eigentlich schon immer eine gute Idee.

Zurück zu den Wurzeln – und dann nach vorn

1984 brach Michael S. Dell sein Medizinstudium nach einem Jahr ab, um IBM-PCs zu verkaufen. Sein Unternehmen wuchs, und 1988 wurde er CEO seiner eigenen Aktiengesellschaft. 1992 war Michael Dell auf der Liste der Top-500-Unternehmen der Zeitschriften Forbes und Fortune mit 27 Jahren der jüngste CEO, und bereits 1996 verkaufte er mehr Computer online als alle anderen Hersteller. Doch als der Marktführer von Hewlett-Packard und Lenovo überholt wurde, reichte es Michael Dell: Mit der Unterstützung des Investors Silver Lake Partners und einem 2-Milliarden-Dollar-Kredit von Microsoft kaufte er 2013 sein eigenes Unternehmen, um es wieder zu privatisieren. Die Finanzwelt staunte nicht schlecht, als er sein Unternehmen 2018 wieder an die Börse brachte – mit einem Wert, der den von 2013 um den Faktor 10 übertraf.

Michael Dell

Ein anderer Husarenstreich gelang dem Selfmade-Milliardär bereits 2011: Michael Dell gründete damals ein kleines und unscheinbares Unternehmen namens OTA Broadcasting und begann, unterhalb des Radars mehrere kleine angeschlagene TV-Stationen wie Azteca America und Korean TV aufzukaufen. Rund 85 Millionen Dollar investierte er in diesen

Schachzug, der sich erst sehr viel später, nämlich 2017, als äußerst clever herausstellen sollte: Die Auktion der Federal Communications Commission (FCC), die in den USA im Auftrag der Regierung die Sendelizenzen dieser lokalen TV-Sender an Mobilfunkanbieter versteigerte, bescherte Dell einen satten Gewinn von 350 Millionen Dollar. Weitsicht ist ein guter Multiplikator.

Immer das machen, was man schon immer gemacht hat – und die Dinge immer so angehen, wie es sich für viele Generationen vor uns durchaus bewährt hat: Konventionelles Denken zieht sich wie ein roter Faden durch unsere Köpfe. Was könnte an Neuem und Großem entstehen, wenn wir uns bei jeder Idee die Mühe machen, auch das genaue Gegenteil zu denken? Wir vertrauen festgefahrenen Meinungen, die über die Jahre so populär geworden sind, dass sie sich als absolute Wahrheit durchgesetzt haben. Oft genug von Experten wiederholt, verwandelt sich die Meinung eines Einzelnen in konventionelle und kollektiv anerkannte Weisheit. Wir hinterfragen solche Weisheiten nicht mehr, denn wie kann etwas falsch sein, das den Test der Zeit bestanden hat, etwas, an das unendlich viele Menschen glauben?

Unkonventionell war das Marketing des Autovermieters Avis, als er 1962 in seinen Werbeanzeigen ganz offen seinen zweiten Platz in der Mietwagenbranche in den Mittelpunkt stellte und versprach: „We are No. 2. We try harder." Darauf aufbauend entwickelten sie geniale Argumente für ihre Marke: „Go with us next time. The line at our counter is shorter." Bis heute lebt Werbung von nicht haltbaren Versprechen und schamlos offensichtlichen Übertreibungen. Avis hat es einfach mal mit der Wahrheit versucht, diese mit Demut angereichert und das Prinzip bis heute erfolgreich angewendet.

Wie unkonventionell denkst du?

Kapitelkonzentrat

Die meisten Milliardäre sind auch mal klein angefangen – als Millionäre. Spaß beiseite: Ganz oben denken Menschen anders. Pragmatischer. Zielführender. Und vor allem deutlich unkonventioneller. Spitzenverdiener versuchen, Entscheidungen mit Weitsicht zu treffen und mögliche Reaktionen des Marktes frühzeitig in ihre Entscheidungen einzubeziehen. Festgefahrene Meinungen haben in ihren Köpfen keinen Platz.

Die Garage, in der Steve Jobs seine Vision gestartet hat.

Der heutige Sitz des Apple-Imperiums in Cupertino.

historic lows as belief in liquidity persists
Euro v US dollar
Muted movements
Norwegian Air denies rights sale shows
chairman and chief lack faith in carrier

KAPITEL 4

Investoren. Zwischen Fördern und Fordern.

Harry Langerman begann seine Karriere 1928 als Busboy in einem Restaurant in Miami. Die Aufgaben eines „Bussers" waren durchaus überschaubar: Tische abräumen und decken, Geschirr spülen – kurz: all das, was ein Kellner nicht machen wollte. Sein Traum von einem besseren Leben wurde von seinem Bruder aufrechterhalten, der als Banker eine deutlich steilere Karriere an den Tag gelegt hatte. Der versprach ihm nämlich das Startkapital für sein eigenes Restaurant – unter der einzigen Voraussetzung, dass ihn das Konzept überzeugte.

Die Jahre vergingen. Der Zweite Weltkrieg zerrte Harry an die Front, wo er beim Bautrupp der Navy, den sogenannten SeaBees, lernte, wie man Dinge aufbaute. Nach Kriegsende konnte er einen etwas besseren Job in der Cafeteria seiner Einheit ergattern. Sein altes Ziel hatte er keinen Moment aus den Augen verloren, und so studierte er alles über Essen, Kochen und Unternehmensführung, was die Bibliotheken hergaben. Und eines Tages im Jahr 1949 schien der Traum greifbar nahe: Harry las in einer Zeitung einen Artikel über die Brüder McDonald, die ein neuartiges Fastfood-Restaurant in Kalifornien betrieben. Harry fackelte nicht lange: In Windeseile machte er sich auf den Weg nach Westen, wo er mit Richard und Maurice McDonald eine aus seiner Sicht äußerst faire Franchisegebühr in Höhe von 35.000 Dollar aushandelte. Zurück in Miami unterbreitete er seinem Bruder mit stolzgeschwellter Brust den Businessplan. Der winkte allerdings schroff ab mit den berühmten Worten:

> Du Idiot. Wer isst schon Hamburger?

Fünf Jahre später betrat Ray Kroc die Bühne und setzte die Brüder McDonald listig und geschäftstüchtig binnen weniger Jahre vor ihre eigene Tür. Der Rest ist Geschichte: Kroc zahlte am Ende für das gesamte Unternehmen 2,7 Mio. Dollar, und wie wir heute wissen, entwickelte sich das Geschäft für ihn als Franchisegeber schnell zum finanziellen BigMac – und machte ihn zum Milliardär. Und Harry? Der brachte es später immerhin auf die kleine Steakhouse-Kette Black Angus Restaurants, doch der ganz große Wurf blieb ihm auf ewig verwehrt.

Während der eine ein Investorenproblem hatte, konnte der andere mit dem passenden Geldgeber an seiner Seite perfektes Timing genießen. Zur richtigen Zeit am richtigen Ort: Wie oft haben wir diesen Satz schon gehört und gelesen? Im Grunde ist jede Erfolgsstory mit diesem Etikett versehen, denn ohne dieses Attribut ist jede noch so gute Idee zum Scheitern verurteilt. Blicken wir zurück in die Kindertage des Internets: Soziale Netzwerke mit dem Ziel Weltherrschaft gab es schon lange vor Facebook, und auch YouTube war im Jahr 2005 nur eine von rund vierzig kleinen Videoplattformen, die die Online-Welt erobern wollten. Die Welt muss für deine Idee bereit sein, und dann muss irgendjemand den Kickstarter betätigen.

Spürnasen mit Scheiterquote

Bessemer Venture Partners, einer der ältesten Risiko kapitalgeber der Welt mit Niederlassungen u.a. in New York und im Silicon Valley, ist mit einer Kapitaldecke von über vier Milliarden US-Dollar einer der kompetentesten Dienstleister der Branche. „Zur richtigen Zeit am richtigen Ort" heißt aus deren Sicht, aus den unzähligen Finanzierungsanfragen diejenigen rauszufiltern, die zum Zeitpunkt der Marktreife Wachstumspotenzial und Gewinne versprechen. Allerdings kann eine Idee immer nur durch die Brille der Gegenwart beurteilt werden. Kalkulationen und Marktforschung müssen dann den Rest leisten, um Risiken zu erkennen und möglichst genau zu bewerten. Trotz aller wirtschaftlichen Kompetenz klappt das auch bei Bessemer nicht immer – der richtige Riecher war oftmals nicht zur richtigen Zeit im Wind. Deshalb veröffentlicht das Unternehmen auf seiner Webseite nicht nur das Portfolio mit Unternehmen, die erfolgreich an den Aktienmarkt geführt wurden, sondern auch das sogenannte „Anti-Portfolio“, wo so offen wie reumütig die Firmen gelistet sind, die intern einst hinter vorgehaltener Hand müde belächelt wurden: Apple, Facebook, Snapchat, PayPal, Google, eBay, Intel, Cisco, Tesla, Airbnb und FedEx sind dort als Mahnmale aufgeführt, jede angebotene Idee noch eingehender zu prüfen. Auch für Kapitalgeber gilt leider die Schicksalsregel: Eine Gelegenheit klopft in der Regel nur einmal an deine Tür. Wenn du nicht öffnest, kannst du morgen nur noch bewundern, was andere aus der Chance gemacht haben.

Bessemer Venture Partners

Investoren werden mit fantastischen Ideen unter Dauerfeuer genommen, und viele Businesspläne mit Potenzial finden ihren Business Angel. Dennoch scheitern neun von zehn Start-ups innerhalb der ersten drei Jahre. Nummer zehn muss also all die erhofften Gewinne allein einfahren, damit die Rechnung aufgeht. Risikokapital trägt seinen Titel also durchaus zu Recht, denn wer ein Geschäftsmodell gefunden hat, das in vertretbarer Zeit von sich aus profitabel wird, braucht kein Geld, denn eine Finanzspritze ist nur die halbe Wahrheit, die Vorderseite der Münze. Mit dem Geld kommt schließlich auch die Kontrolle, die Rechtfertigung und Report fordert. Aber eine kontrollierte Idee ist ohne Zweifel deutlich besser als eine, die gar nicht umgesetzt wird.

Du musst nicht revolutionär denken, um erfolgreich zu sein. Man muss nicht gleich das nächste Google oder Facebook anvisieren, um groß zu werden. Man muss nicht einmal digital denken. Wunsch und Wirklichkeit müssen auf einer Wellenlänge liegen, damit eine Idee erfolgreich werden kann. Der in Frankfurt geborene Peter Thiel, der einst gemeinsam mit Elon Musk und Max Levchin den Online-Bezahldienst PayPal gründete und heute ebenfalls als Investor seine Brötchen verdient, hat die Diskrepanz zwischen Wunsch und Wirklichkeit durchaus treffend formuliert:

> “We wanted flying cars, instead
> we got 140 characters.”

Welche kleine Idee möchtest du groß machen?

Kapitelkonzentrat

Investoren werden mit Anfragen geradezu bombardiert. Doch welche Idee wird sich durchsetzen? Welches Produkt kann den Markt begeistern? Ein guter Riecher für die geniale Idee und das richtige Timing ist noch lange keine Erfolgsgarantie. Investoren müssen auch mit Menschenkenntnis glänzen: Wie motiviert ist ein Gründer? Wie stark ist der Wille, alles dem Ziel unterzuordnen? Jede Investition kostet viel Geld, und angesichts einer Scheiterquote von rund 90 % kann man sich ausrechnen, wie viel Geld die erfolgreichen 10 % einfahren müssen, damit auch der Investor irgendwann die Gewinnzone erreicht.

AB
GF
Finance
2

KAPITEL 5

Die Macht des Netzwerks

Netzwerk. Ein großes Wort, denn es ist heute geradezu ein Synonym für die Summe aus Kompetenz, Gegenseitigkeit, Know-how, Leistungsfähigkeit, Synergie und Austausch auf höchstem Niveau. Doch Netzwerk ist nicht nur ein großes Wort, sondern ein Modewort, denn es ist schließlich très chic, Teil eines oder – noch besser – mehrerer Netzwerke zu sein. Wer nicht in einem Netzwerk aktiv ist, scheint nicht leistungsfähig und erst recht nicht teamfähig, so die weitläufige Einschätzung. Auf dieser Denkweise basiert der Erfolg von Netzwerken wie XING und LinkedIn. Bist du auch dort vertreten? Vielleicht sogar auf beiden Plattformen? Ja, natürlich, denn wir sind soziale Lebewesen, die gern jemandem folgen, den sie bewundern; als Herdentiere sind wir gern dort, wo alle sind; und last but not least sonnen wir uns gern im Schein des charismatischen Unternehmers. Der Ruhm des Erfolgreichen, des Anerkannten, strahlt auf uns herab, wenn wir uns mit ihm verknüpfen. Wer bei solchen Wer bei solchen Plattformen mehr als 100 oder sogar mehr als 500 Kontakte hat, sollte jetzt in sich gehen und sich folgende Fragen stellen: Wie oft tausche ich mich persönlich beim Businessfrühstück oder beim Brainstorming mit jedem einzelnen meiner Kontakte aus? Mit wem tausche ich mich überhaupt aus? Mit wem habe ich wirklich schon einmal bei einem Projekt zusammengearbeitet? Wen kenne ich gar persönlich? Und wer dient nur als Füllmaterial, um meinen Account wichtig erscheinen zu lassen? Das schwächste Netzwerk ist immer das, das keinen Zweck erfüllt, sondern nur wertvolle Zeit für seine Pflege in Anspruch nimmt und sich damit selbst in die Sinnlosigkeit befördert. Vorbild sollte das kleinste Netzwerk überhaupt sein: die Beziehung. Die entsteht aus Leidenschaft und ist vielleicht gerade deshalb so intensiv – und in der Folge so förderlich für unsere persönliche Entwicklung. Ein Netzwerk ist folglich nur Zeit wert, wenn es echte Beziehungen in der echten Welt generiert, gleiche Interessen identifiziert und durch ständigen Informationsaustausch diese Beziehung wertvoller macht. Wie effizient, ziel- und entwicklungsfördernd echte und intensive Verknüpfungen sind, beweist uns das erfolgreichste Netzwerk der Welt: unser Gehirn.

Facebook. Ein Netzwerk von vielen.

„Die Facebook-Aktie geht bald durch die Decke", hat dir dein Investmentberater einst prophezeit. Heute werden deutlich leisere Töne angeschlagen, denn die politischen Scharmützel und Hate News haben dem Social Network ordentlich zugesetzt. Apple CEO Tim Cook hat es offen ausgesprochen: ***„Mein Neffe soll nicht in einem Social Network aktiv sein."*** Der ehemalige Facebook Topmanager Chamath Palihapitiya fand noch deutlichere Worte: ***„Wir haben Tools geschaffen, die die Struktur unserer Gesellschaft auseinanderreißen."*** Und der erste Präsident von Facebook, Sean Parker, bezeichnete Facebook unlängst als ***„eine soziale Bestätigungsmaschine, die Gott weiß was mit den Gehirnen unserer Kinder anrichtet."*** Eine weitere Breitseite mit Aufklärungspotenzial kam von Mark Zuckerbergs Ex-Mentor Roger McNamee, dem Gründer des Risikokapitalgebers Elevation Partners, der viele Jahre Großinvestor bei Facebook war:

> Dich wütend oder ängstlich zu machen – das ist gut für das Geschäft von Facebook, aber nicht für Nutzer.

Facebook macht süchtig. Wenn Kinder und Jugendliche stundenlang auf Handys starren, empfinden sie diese Form von Kommunikation als grenzenlose Freiheit, obwohl es doch eigentlich das genaue Gegenteil ist: eine bisher nicht gekannte Form der Isolation. Aber ganz egal, welche Rolle Facebook und die vielen anderen Netzwerke künftig im Leben der Menschen spielen werden: Die User haben längst die Quintessenz verstanden, dass nämlich Netzwerke nur Systeme mit Nutzen und Zukunft sind, wenn sie intensiv gepflegt und behutsam ausgebaut werden. Business ohne

Netzwerk wird schließlich immer schwieriger. Hat man früher ausschließlich auf das unternehmensinterne Know-how zurückgegriffen, holt man sich jetzt auch Informationen und Leistungen aus seinen Netzwerken. Netzwerke haben also durchaus auch ihre positiven Seiten. Es macht einfach Spaß, gemeinsam mit tollen Menschen ein Stück Zukunft zu gestalten. Die Zukunft des Netzwerks hat längst begonnen, denn Mitarbeiter werden immer mehr danach eingestellt und bewertet, mit wem sie vernetzt sind und welche Vorteile diese Beziehungen dem Unternehmen bieten. „Was muss ich können?“ und „Wen muss ich kennen?“ werden irgendwann dieselbe Wertigkeit besitzen.

In analogen Zeiten definierte sich ein Netzwerk über die Dicke des Visitenkartenstapels in unserer Schreibtischschublade. Dieser Stapel war ein elitärer Club, denn dort hatten nur potenzielle Kunden und ausgesprochene Problemlöser Zutritt. Die Wahrscheinlichkeit, eine solche Beziehung zu vertiefen, ist hoch, weil man die Person irgendwann einmal persönlich kennengelernt und dabei einen positiven Eindruck gewonnen hat. Ein Netzwerk erzeugt nur dann Energie und Synergie, wenn man sich an Knotenpunkten begegnet, um dann daraus gemeinsam eine Win-win-Situation zu stricken. Wir sind soziale Wesen, und wenn eine digitale Plattform eine sinnstiftende Wertegemeinschaft sein soll, muss sie Mechanismen bereitstellen, die nicht nur digitale, sondern auch echte Beziehungen ermöglichen, damit gemeinsame Ziele auch irgendwann erreicht werden. Letztendlich entscheiden die persönlichen Erwartungen darüber, wie sinnvoll intensives Netzwerken wirklich ist. Unternehmerische

Erfolgsgeschichten können dabei allerdings nur entstehen, wenn aus Netzwerkpartnern Businesspartner werden. Und aus Netzwerken Bündnisse.

Wofür nutzt du dein Netzwerk?

Kapitelkonzentrat

Netzwerke bestimmen unser Leben, denn wir sind und bleiben soziale Wesen. Aber machen sie uns auch wettbewerbsfähiger? In Businessnetzwerken wie XING und LinkedIn steht die Zahl der Kontakte im Vordergrund; Sinn und Zweck unserer Aktivitäten dort sind eher zweitrangig. Und dann sind da noch die Social-Media Plattformen, die sich von Hurra-Netzwerken zu echten Datenmonstern gewandelt haben. Mittlerweile sind auch Facebook & Co. Kanäle, wo sich Unternehmen und Kunden virtuell begegnen und austauschen können. Aber wie sehr leidet die Produktivität, wenn wir immer mehr Zeit dort verbringen?

KAPITEL 6

Warren Buffett und du

Die teuerste Aktie der Welt? Berkshire Hathaway natürlich, das Lebenswerk des Großinvestors Warren Buffett. Rund 275.000 Dollar kostet ein Stück vom 430-Milliarden-Kuchen. Dividende: seit 1967 Fehlanzeige. Warum investiert man dann überhaupt in eine solche Aktie? Ganz einfach: Weil Warren Buffett weder Paradiesvogel noch Pfau ist, sondern eine bodenständige Persönlichkeit, die langfristig denkt und deshalb den schnellen Gewinn und das damit einhergehende Risiko scheut. Das erzeugt einen Vertrauensvorschuss, den in der Finanz- und Börsenwelt nur ganz wenige genießen dürfen.

Seit 55 Jahren hält Warren Buffett die Zügel seines Unternehmens in den Händen, und seit dem ersten Tag investiert er aus Überzeugung nur in Unternehmen, deren Geschäftsmodell er auf Anhieb versteht. Genauso wichtige Kriterien für seine Wahl: der Enthusiasmus und die Kompetenzen des Führungsteams. Kaufen und Investieren sind nach Buffetts Auffassung zwei Paar Schuhe, und wer sein Geld in Hochrisikogeschäfte steckt, ist kein Investor, sondern ein Spieler, denn er trifft Entscheidungen allein auf der Basis von Glück und Spekulation. Das Fingerspitzengefühl für Entwicklungspotenzial kommt allerdings nicht von ungefähr, es ist deutlich weniger Intuition als Information: Warren Buffett liest täglich sechs Stunden Zeitungen, Magazine, Bücher und Jahresberichte. Er saugt alles auf, was er über ein Unternehmen, das in sein Portfolio passen könnte, in Erfahrung bringen kann. Den Rest des Tages verbringt er damit, das Gelesene zu verarbeiten, zu analysieren und zu bewerten. Zur Entscheidungsfindung bei Kaufabsichten tragen auch viele intensive persönliche Gespräche mit den Vertragspartnern bei – nur einmal nicht: 2003 nahm Warren Buffett Witterung für den Fertighausproduzenten Clayton Homes auf, und kurz darauf erschien Jim Claytons Autobiografie „First a Dream", in der er tiefe Einblicke in seine unternehmerischen Denkstrukturen gewährte. Warren Buffett las das Buch, klappte es zu und wusste, dass er einen No-Brainer am Haken hatte. Noch im selben Jahr kaufte er das Unternehmen für 1,7 Milliarden Dollar.

Was lernen wir daraus? Schreiben kann wie Lesen eine Bereicherung sein. Und eine gute Investition von Zeit. Aber wir erhalten auch Börsen-Know-how: Wer mit Aktien Geld verdienen möchte, muss Geld und Zeit haben – und zum richtigen Zeitpunkt den Kaufbutton drücken. Wer Hypes folgt, muss das Risiko mögen und den möglichen Verlust schon im Vorhinein einplanen und akzeptieren. Wer nachts besser schlafen kann, wenn er ein wasserdichtes Portfolio unter dem Kopfkissen weiß, sollte vielleicht einen Blick auf Nebenwerte werfen, die von Hidden Champions und krisensicheren Unternehmen geprägt werden. Das sind gleichzeitig die Werte, bei denen man Börsenprofis konsultieren sollte, denn wer das Unternehmen gar nicht kennt, auf das er setzt, lebt mit einem Risiko, das er doch eigentlich zu vermeiden sucht. Ansonsten ist eine Mischung aus gesundem Menschenverstand und Weitsicht ein guter Berater: Als in der Coronakrise die Restaurants schließen mussten, boten Aktien von Nestlé & Co. gute Einstiegschancen für schnelle Kursgewinne, denn wer nicht auswärts essen darf, deckt den Tisch gezwungenermaßen zu Hause. Und wenn die Leinwände der Kinos dunkel bleiben, holt man sich Action, Unterhaltung und Blockbuster für die ganze Familie mit Netflix ins Home Cinema.

In Krisen wie diesen läuft Warren Buffett traditionell zur Höchstform auf, denn er weiß, wie viel Geld in schlechten Zeiten verdient werden kann. Während der Finanzkrise 2008 deckte er sich ausgerechnet mit Bankaktien ein – und fuhr Jahre später üppige Gewinne ein. Wenn er und sein Freund und Vice Chairman Charles Munger zur Generalversammlung, dem „Woodstock der Kapitalisten", rufen, hängen Aktionäre zu Zehntausenden an den Lippen des „Orakels von Omaha".

Mit den Worten „Someone's sitting in the shade today because someone planted a tree a long time ago" hat Warren Buffett seine gesamte Börsenstrategie in einem einzigen Satz verewigt.

Die effizientesten Börsenstrategien

Der Handel mit Aktien ist verlockend. Geschichten von exorbitanten Gewinnen, gerade im Tech-Bereich, faszinieren uns wie der Lockruf des Goldes in Klondike-Zeiten. Nimmt man diese Geschichten näher unter die Lupe, schälen sich zwei Erfolgsstrategien heraus: Die einen haben sich an der Baum-Schatten-Strategie von Warren Buffett orientiert, einen kompetenten Anlageberater gesucht und gefunden und über Jahrzehnte investiert; die anderen haben das Heft selbst in die Hand genommen und sich mit den Spielregeln der Börse und der Kurse vertraut gemacht, um dann Märkte, politische Rahmenbedingungen und Schwankungen jeglicher Art zu beobachten und im richtigen Moment tätig zu werden. Man ist dann irgendwann so etwas wie ein Börsenseismograph, dem kein Zucken mehr entgeht.

Alle anderen Vorgehensweisen haben die Bezeichnung Strategie nicht verdient. Wenn Geld ohne Sinn und Verstand in Aktien angelegt wird, wie es einst bei der Volksaktie der Telekom der Fall war, ist das eine Strategie des Verpulverns. Investitionen sollten nicht durch Gier, sondern durch Geist gesteuert werden. Sonst sind es mal wieder die anderen, die sich über exorbitante Gewinne freuen.

Wie geduldig bist du?

Kapitelkonzentrat

Börsenlegende Warren Buffett verweigert sich Schnellschüssen. Er legt sein Augenmerk lieber auf langfristige Investitionen. Seine Strategie ist bodenständig: Er investiert ausnahmslos in Unternehmen, deren Aktienwerte sich an realistischen Unternehmenswerten orientieren und deren Geschäftsmodell er nachvollziehen kann. Wenn ihn dann noch das jeweilige Führungsteam überzeugt, schlägt er zu. Auch du solltest eine Strategie fahren, die nicht von Hast oder gar Gier, sondern von Weitsicht geleitet wird.

KAPITEL 7

Zwischen Niederlage und Glücksfall

Es gibt Menschen, die suchen Erfolg und Glück im Dschungelcamp, dem Auffangbecken der Sprungbrettsucher, und liefern sich dabei der Gnade und den Daumen der Voting Community aus. Andere nehmen ihr Glück lieber selbst in die Hand. Sie definieren Glück nicht als zufälliges Aufeinandertreffen von Zeitpunkt und Gewinn, sondern als Einstellungssache oder gar als persönliche Eigenschaft. Ihre Argumentation sieht vor, dass man Glück zu einem gewissen Teil auch zulassen muss. Wer alle Faktoren ausschließt und fernhält, die erforderlich sind, damit Glück geschehen kann, wird für seine Strategie der Abschottung auch nicht belohnt. Um es etwas bildreicher auszudrücken: Wer der Glücksgöttin die kalte Schulter zeigt, wird auch nicht von ihr geküsst.

Lass uns ein bisschen über Glück philosophieren. Ist Glück lediglich Schicksal? Oder etwas, an das man fest glauben muss, damit es passieren kann? Kann man Glück lernen oder steuern? Lässt sich Glück vielleicht sogar wie ein Werkzeug formen? Ich glaube, dass es durchaus etwas von allem ist. Erst mit der richtigen Einstellung lässt sich erkennen, dass die Umstände in einer unerwarteten Situation günstig sind. Und dann ist die Tür zum Glück offen, die Möglichkeit für Veränderung gegeben, die Zeit für den entscheidenden Schritt gekommen. Natürlich muss man die Tür zum Glück auch ein kleines Stück per Hand öffnen: Wer im Lotto gewinnen möchte, muss schließlich rechtzeitig in den Schein investieren. Träume und Ziele sind die Lottoscheine der Unternehmer, und wer sich damit angemessen programmiert, schafft ebenfalls ganz passable Voraussetzungen für Glücksfälle. Die Logik ist nicht zu leugnen: Wenn du nicht gründen möchtest, weißt du mit einer cleveren Geschäftsidee nichts anzufangen, die dir durch Zufall in den Schoß fällt. Erst dein Fokus, deine Selbstprogrammierung, macht aus dem Zufall einen glücklichen Zufall, etwas, das nicht sinnlos vorüberzieht, sondern sich gewinnbringend und zielfördernd verwerten lässt. Wer sich in berufsfremden Feldern fortbildet, verschafft sich erst das Potenzial, diese neuen Blickwinkel zu nutzen – die dann das Erkennen und Erleben von Glücksmomenten ermöglichen. Ein offener Geist weiß ganz genau, in welchen Momenten er seine Antennen ausfahren muss.

Je größer das Durchhaltevermögen, desto mehr Zeit stellen wir der Glücksgöttin zur Verfügung, zu uns zu finden. Die schlechte Nachricht: Auch Götter nehmen gelegentlich die falsche Ausfahrt. Wo Glück ist, muss man also immer auch mit Unglück rechnen. Niederlagen selbst bieten allerdings kein Lernpotenzial – entscheidend ist allein, wie man auf einen Tiefschlag reagiert. Wie lange dauert es, bis du eine Niederlage verdaut hast? Wie lange dauert es, bis du anfängst, die Dinge aus eigener Kraft wieder zum Positiven zu wenden?

Talent, Biss, Risikobereitschaft und harte Arbeit sind die anerkannten Zutaten für Erfolg. Aber jeder weiß auch, was der Faktor Glück beisteuern kann, auch wenn alle Selfmade-Millionäre dieser Welt diese Möglichkeit gerade mit einem Aufschrei der Empörung von sich weisen. Aber Fakt ist: Wenn Steve Jobs und Steve Wozniak sich nie begegnet wären, wenn Bill Gates nie die Wege von Paul Allen gekreuzt hätte, wäre unsere Welt womöglich eine andere.

Paul Allen (links) mit Bill Gates an der Lakeside School im Jahr 1970

Steve Jobs und Steve Wozniak

Das Zulassen von Glücksmomenten und Glücksbringern ist die Zündschnur für Erfolg. Sein eigenes Potenzial zu kennen und gleichzeitig das der anderen wahrzunehmen, ist erst der zweite Schritt. Große Glücksfälle kann jeder erkennen und nutzen, aber nur die Aufmerksamen haben das Gespür, das die Magie des kleinen Moments enthüllen kann, und nur die Achtsamen erkennen die Möglichkeiten, die sich aus Zufällen ergeben können. Zufall ist die Knete, aus der sich Glück formen lässt. Glück ist also im wahrsten Sinne des Wortes machbar. Mentoren und Inspiratoren sind der beste Beweis, denn man muss schließlich kein Pech haben, um für andere zum Glücksfall zu werden. Und wenn du selbst für andere die gute Gelegenheit bist, auf die sie schon so lange gewartet haben, kann das auch für dich zum Glücksmoment werden.

Lässt du Glück zu?

Kapitelkonzentrat

Wie viel Glück gehört zum Erfolg? Und was ist Glück überhaupt? Kann man Glück steuern? Oder fällt es einem immer nur durch Zufall in den Schoß? Wenn du weißt, worauf du achten musst, kannst du die richtigen Signale erkennen – und dem Glück die Tür öffnen. Manchmal ist das Glück ein Ereignis, manchmal eine Begegnung. Glück wird dir immer dann zuteil, wenn du das Potenzial einer Veränderung erkennst – und dann die richtigen Fäden ziehst.

Problem
Solution
Evaluation
AST SIGNAL PROCESSOR
NCODES
/ 16 BIT AUDIO
BIT
. TIME

KAPITEL 8

Erfolg braucht Timing. Und Zeit.

Gäbe es Apple heute noch, wenn Karlheinz Brandenburg vom Fraunhofer-Institut in Erlangen nicht rechtzeitig das MP3-Format entwickelt hätte, das den Siegeszug des iPod und das geniale Musikvertriebskonzept von iTunes erst möglich gemacht hat? Wir wissen es nicht. Wir wissen auch nicht, ob Apple-Geräte so schön und erfolgreich gewesen wären, wenn Chefdesigner Jony Ive sich nicht in die Designsprache von Dieter Rams verliebt hätte, der einst die Firma Braun aus Kronberg/Ts. zur weltweit anerkannten Ikone im Bereich Industriedesign machte.

Wenn das eine auf das andere trifft und etwas Gutes entsteht, nennen wir das Timing. Das richtige Timing ist der Moment, in dem die Dinge zusammenpassen. Der Moment, in dem der Dirigent den Taktstock hebt, um die Streicher nahtlos ins Zeitgerüst der Melodie gleiten zu lassen; der Moment, in dem der Stürmer die Flugkurve des Balls unterbricht, um ihn über die Torlinie zu befördern. Timing definiert sich über den Rhythmus: Wenn du beim Walzer über die Tanzfläche schwebst, bist du eins mit der Musik. Du versuchst nicht, sie zu überholen oder ihr hinterherzuhinken. Mit dem falschen Tempo läufst du Gefahr, der Gegenwart zu widerstehen.

Timing entscheidet nahezu überall über Sieg oder Niederlage, auch im Business. Und natürlich an der Börse: Günstig kaufen und teuer verkaufen klingt eigentlich nach einer simplen Strategie, aber günstig kann im falschen Moment ziemlich teuer werden. Und ob ein Moment der richtige oder der falsche ist, stellt sich gerade am Aktienmarkt leider immer erst hinterher heraus. Wenn deine Schritte auf dem Börsenparkett hinterherhinken, verlierst du den Aktienkurs aus den Augen.

Bei Verlustgeschäften hat jeder seine ganz persönliche Definition des Scheiterns: Der eine definiert bereits Rückschläge und sinkende Kurven als Niederlage, der andere erst die nicht mehr abzuwendende Insolvenz. Wer mit seiner persönlichen Definition mental besser fährt, ist nicht nur eine Frage der Einstellung, sondern auch der Resilienz. Niederlagen jeglichen Gewichts müssen verdaut werden, und auch das gelingt in unterschiedlichen Zeitfenstern: Die einen legen sich drei Stunden ins Bett und nehmen die Fötusstellung ein, um dann in Rocky-Manier wieder aufzustehen und mit der „Jetzt erst recht"-Mentalität den nächsten Schritt zu gehen; die anderen lassen den Rest ihres Lebens den Kopf hängen und gehen ab dato gebrandmarkt die risikofreien Wege. Dabei wissen wir alle, dass in jedem Spiel, in dem man viel gewinnen kann, auch die Möglichkeit der bitteren Niederlage steckt. Erst das Aufstehen macht aus der Niederlage einen Neuanfang – wenn man denn bereit ist, nicht nur den Erfolg, sondern auch die nächste Niederlage zu akzeptieren.

Wer mit seiner Idee seiner Zeit voraus ist, wird verlieren. Dasselbe Schicksal ereilt denjenigen, der den richtigen Zug verpasst. Eines wissen wir aber mit Sicherheit: Keiner gewinnt allein. Wir alle brauchen an den Kreuzungen des Lebens Menschen, die uns im richtigen Moment über den Weg laufen. Die uns Mut machen, inspirieren und wieder aufbauen, um uns dann sanft in die richtige Richtung zu schubsen. Und wir brauchen Menschen, deren Ideen wir annehmen und für unsere Zwecke optimieren. Ob diese Ideen von Mitarbeitern, Partnern oder Kunden stammen, spielt beim Lesen der Bilanz keine Rolle mehr.

“

Don't rush anything.
When the time is right,
it'll happen.

”

Auf der Suche nach der verlorenen Zeit. Und der Blick nach oben.

Früher bestimmte die Sonne den Lauf des Tages. Heute ist es die Uhr, die uns zur Eile mahnt, denn Zeit ist ein wichtiger Faktor für Geschwindigkeit. Früher war Geschwindigkeit eine physikalische Größe. Heute ist Geschwindigkeit die Vorstufe der Hektik und Langsamkeit die Vorstufe des Stillstands. Ungeduld ist der Motor, der Stillstand verhindert. Wir müssen rund um die Uhr hellwach sein, denn die Konkurrenz schläft nicht.

Und dann gibt es die Momente, wo nichts geschieht. Sie sind der ideale Nährboden für Langeweile. Für den einen ist sie leere und tote Zeit, für den anderen eine willkommene Windstille auf dem Ozean der Geschäftigkeit, der

Hektik, der Rastlosigkeit. Die Monotonie der Ereignisse, das Nicht-ausgefüllt-Sein, zwingt uns dazu, in Gedanken und Erinnerungen zu schwelgen, um aus dem bereits Erlebten zumindest für kurze Zeit eine Form von Unterhaltung zu generieren, die der Eintönigkeit entgegenwirkt. Das beste Gegenmittel findet sich nicht im Medizinschrank, im Kühlschrank oder der Minibar, sondern in der individuellen Fähigkeit der Selbstmotivation. Soll heißen: Gönn dir eine Pause. Schalte einen Gang runter. Lass einfach mal die Seele baumeln und verharre zwischen Erinnerung und Erwartung. Und ziehe dann aus all dem neue Energie für die nächsten Aufgaben. Pausen sind Ruhezeiten, und Ruhe ist Bedingung und Basis für Kreativität. Arbeit und Pause sind entgegen dem allgemeinen Glauben keine Gegensätze, sondern sich ergänzende Phasen, die ständig ineinandergreifen, um Leistung zu optimieren: Nur wer viel leistet, findet in der Pause ein Maximum an Regeneration – und nur wer sich angemessen regeneriert, ist wirklich leistungsfähig.

All die guten Dinge, die wir anstreben, gibt es nur in der Zukunft. Und die liegt auf der anderen Seite der Erfahrung. Alles ist eine Frage der Zeit, und wenn wir zurückblicken, werden wir erkennen, dass diejenigen gewonnen haben, die Timing und Risiko unter einen Hut gebracht haben.

Die besten Plätze im Leben sind immer oben. Diese Gesetzmäßigkeit gilt nicht nur für Theaterbesucher, die in der Loge den besten Blick über das große Ganze haben, sondern auch für Bergsteiger, die das ganz Große bezwingen wollen. Oben auf dem Siegertreppchen steht der Sieger, mit gebührendem Höhenunterschied zu den Plätzen zwei und drei, und wir gestehen ihm zu, auf die anderen einen Hauch herabzusehen. Oben auf der Torte liegt die Sahne, und oben auf der Sahne thront die Kirsche. Oben auf der verbrannten Asche des Alten gedeiht das Neue. Oben ist der Himmel, und das nicht nur draußen in der freien Natur, sondern auch auf der Karriereleiter. Erfolg war schließlich schon immer eine Frage der Position. Halte inne und nimm dir Zeit, über Zeit nachzudenken. Und über das, was in dieser Zeit passieren kann.

Spürst du es, wenn der richtige Moment gekommen ist?

Kapitelkonzentrat

Das richtige Timing ist gefunden, wenn Idee und Markt zusammenpassen. Wer seiner Zeit voraus ist, läuft Gefahr, zu früh zu kommen und dann nicht durchzuhalten, bis die Nachfrage tatsächlich durchstartet. An der Börse ist es nicht anders: Hier verliert ebenfalls derjenige, der den optimalen Zeitpunkt verpasst. Erst wenn die Zeit wirklich reif ist, kann die Ernte eingefahren werden.

BULLS
23

Milwaukee

KAPITEL 9

Von Großen lernen. Von Kleinen auch.

Schließ deine Augen und denk an den größten Basketballspieler aller Zeiten. Wer poppt vor deinem inneren Auge auf und setzt zum Dunking an? Ist es das Allroundtalent Kobe Bryant? Oder eher NBA Top Scorer Michael Jordan? Vielleicht ist es auch einer vom alten Schlag wie Shaquille O'Neal oder Earvin „Magic" Johnson. Oder schwörst du eher auf Kareem Abdul-Jabbar, der mit 38.387 Punkten mehr Punkte in seiner Karriere erzielte als jeder andere vor und nach ihm? Ich sage dir, wer der Größte von allen war: Manute Bol, denn mit seinen 2,31 m ist er bis heute ungeschlagen. Als der Sudanese Mitte der 80er Jahre bei den Washington Bullets seine Flügelspannweite von 2,6 m einsetzte, war er der Schrecken der Defensivspieler. Aber so richtig kurios wurde es erst 1987, als die Bullets das wieselflinke Energiebündel Tyrone Curtis „Muggsy" Bogues verpflichteten. Der Point Guard war mit seinen 1,60 m der kleinste NBA-Spieler aller Zeiten. Kein Paar wurde damals häufiger abgelichtet.

Größe lässt sich immer bequem mit dem Zollstock messen, aber wie groß kann klein sein? Muggsy Bogues hat es mehr als eindrucksvoll bewiesen: In einem Sport, in dem Körpergröße das Front-of-Line-Ticket für Kader und Spielfeld ist, schaffte er es in seiner anschließenden Spielzeit bei den Charlotte Hornets sogar auf den dortigen Basketballthron. Als Spieler des Jahres ließ er in der Saison 1989/90 alle Spieler seines Teams hinter sich, und NBA-übergreifend war sein Hornets-Trikot mit der Nummer 1 jahrelang ein absoluter Bestseller.

Was können Unternehmen von Basketballern lernen? Groß ist gut, aber kleiner ist deutlich wendiger. Ein Unternehmen mit 100.000 oder mehr Mitarbeitern muss zwangsläufig hierarchisch strukturiert sein, denn ohne Führung und Management lässt sich dieses Schiff nicht steuern. Und bremsen schon gar nicht. Der ewige Vergleich mit einem voll beladenen Containerschiff kommt nicht von ungefähr. Hierarchie ist Rangfolge, und Befehlsketten sind echte Zeitfresser. Befehle wiederum können missverstanden werden, was zu Fehlern führt. Und gelegentlich erzeugen Befehle auch Reibung, die mit weiterem Zeitaufwand entschärft werden muss.

Kleine Unternehmen lassen sich da deutlich flacher, wendiger und einfallsreicher aufstellen. Das macht Effizienz erst möglich. Bei Tesla zum Beispiel: Elon Musk hatte keine Ahnung, wie man Autos baut – und hat das notwendige Know-how, das andere über die letzten hundert Jahre aufgebaut haben, einfach abgesaugt, indem er bei den Automobilriesen Top-Mitarbeiter abwarb.

Elon Musk

Da stellt sich zwangsläufig die Frage: Was bewegt einen Ingenieur dazu, ein Unternehmen wie Mercedes oder BMW zu verlassen? Er tut es, weil er erkennt, wie unbeweglich die großen Konzerne die Zukunft angehen. Und noch viel wichtiger: Bei einem kleinen und agilen Unternehmen wie Tesla hat er die einmalige Chance, eine besondere Zukunft mitzugestalten, eine Zukunft, die er selbst noch erleben darf. Die Anziehungskraft einer solchen Vision ist ungleich stärker als die Leuchtkraft eines Sterns auf der Visitenkarte.

Das Resultat dieser Konzentration und Neumischung von Know-how: neue und vor allem bahnbrechende Ideen. Beispiel Tesla-LKW: Hier sitzt der Fahrer in der Mitte. Wie klug ist das denn? Mit dieser noch nie gedachten Lösung umgeht Tesla nämlich die Notwendigkeit, zwei verschiedene Versionen für den Rechts- und Linksverkehr zu produzieren – während wir weiterhin an der Schein-Überlegenheit festhalten, die exakteren Spaltmaße berechnen zu können.

Größe ist nicht alles. Und ob ein Unternehmen mit 200 Mitarbeitern scheitert oder mit 200.000, ist auch ein Unterschied. Wir schielen auf Größe, weil das Erfolg signalisiert: mein Haus, mein Auto, mein Boot – und wie mein Konto aussieht, kannst du dir an drei Bildern ausrechnen. Aber mit Größe wächst auch immer die Verantwortung. Es sind oftmals die kleinen Dinge im Leben, die die größte Wirkung haben. Die Biene ist für unser ökologisches System unverzichtbar, und seit der Entwicklung des Mikrochips verändert sich unsere Welt jeden Tag ein kleines Stück mehr. Viele kleine Ideen haben in ihrer Summe das Potenzial, groß zu werden. Der Schuhhersteller Keen hatte die Idee, Schuhkartons 15 % kleiner zu machen, und die Rechnung ging auf: weniger Luft gleich weniger Rohstoffe. Gleichzeitig wurde der Karton nicht mehr verklebt, sondern durch eine pfiffige Falttechnik stabilisiert und geschlossen. Natürlich werden solche kleinen Ideen nicht die Welt verändern. Durch Inspiration und Imitation kann in der Folge allerdings durchaus Großes entstehen.

Wir nehmen uns große Persönlichkeiten zum Vorbild, weil uns ihr Weg nach oben begeistert hat. Dabei vergessen wir, dass Größe immer relativ ist: Steve Jobs hat zweifelsohne

Großes geleistet, seine Mitarbeiter aber gequält. Und Friedrich der Große war mit seinen 1,62 m eher klein, hat aber als Philosophen-König in Preußen die Folter abgeschafft. Größe ist und bleibt also, was es schon immer war: eine Frage des Maßstabs.

Wie definierst du Größe?

Kapitelkonzentrat

In Krisen krönen sich manche Konzerne mit dem Attribut „too big to fail". Aber Größe ist nicht alles. Kleiner ist wendiger und punktet immer dann, wenn es darum geht, schneller auf Veränderungen zu reagieren. Kleine Unternehmen verdienen ihr Geld nicht über Masse und Multiplikatoren, sondern durch ihre Reaktionsgeschwindigkeit. Sie können sich den Anforderungen des Marktes schneller anpassen und sind die Ersten, die in neuen Geschäftsfeldern Gewinne einfahren.

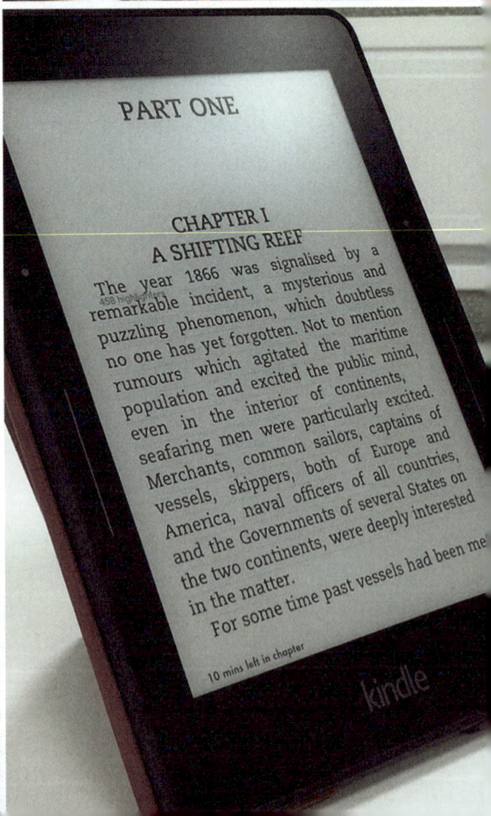
PART ONE
CHAPTER I
A SHIFTING REEF
The year 1866 was signalised by a
remarkable incident, a mysterious and
puzzling phenomenon, which doubtless
no one has yet forgotten. Not to mention
rumours which agitated the maritime
population and excited the public mind,
even in the interior of continents,
seafaring men were particularly excited.
Merchants, common sailors, captains of
vessels, skippers, both of Europe and
America, naval officers of all countries,
and the Governments of several States on
the two continents, were deeply interested
in the matter.
For some time past vessels had been
10 mins left in chapter
kindle

KAPITEL 10

Wie Ideen entstehen

Bücher gab es schon lange vor der Erfindung des Buchdrucks durch Johannes Gutenberg. Bis dahin waren Bücher im wahrsten Sinne des Wortes Handarbeit. Die Bibel zum Beispiel: Ein Mönch brauchte viele Jahre, um ein Exemplar abzuschreiben, weshalb im Skriptorium, dem Schreibsaal eines Klosters, gleich Dutzende dieser Zunft ihrer eintönigen Sisyphusarbeit nachgingen. Gutenberg erkannte die Notwendigkeit, eine Lösung für ein seit Abraham bestehendes Problem zu finden, was er in einer einfachen Frage formulierte: Wie kann man Bücher massenweise unters Volk bringen? 1994 stellte sich ein zweiter Mann dieselbe Frage: Jeff Bezos, der sich mit Amazon zum Gutenberg des 20. Jahrhunderts krönte. Jeff Bezos hat auf Gutenbergs Frage eine moderne Antwort gesucht – und gefunden. Und wie Gutenberg hat er mit seiner Antwort die Welt verändert.

Die besten Ideen lassen sich auf zwei simple Fragen reduzieren. Erstens: Wie geht das? Und zweitens: Wie geht das einfacher? Schlüsselkompetenz auf dem Weg zur Antwort ist Kreativität. Während Tiere bei dieser Übung auf der Entwicklungsstufe 1.0 verharren, springen wir Menschen von Evolutionsstufe zu Evolutionsstufe, von Update zu Update. Amazons hochkreativer Funke lag darin, sich mit breiten Ellenbogen zwischen Anbieter und Endkunde zu drängen und dann für beide Seiten Abhängigkeiten zu produzieren. Das Geniale an der Idee war, dass Amazon keine bestehende Lücke ausgefüllt, sondern sie kurzerhand selbst erschaffen hat. Produktiver und effizienter kann Kreativität kaum sein.

Kreativität gilt als klassische Spielwiese der Künstler. Der Rest der Welt wird in Familie und Schule auf Rationalität gedrillt. Wir sollen uns gefälligst auf die Anwendung des bereits Existierenden konzentrieren, uns in unserem Denken der Vernunft und dem Zweckmäßigen unterwerfen. Schließlich ist Denken produktiv, nicht Wunschdenken. Kreativität wird schon im Kindesalter erstickt: Mit Sätzen wie „Lass das, das kannst du noch nicht“ wird versucht, lösungsorientiertes Denken (und Kreativität ist nichts anderes) im Keim zu ersticken. Und die Erwachsenen? In Unternehmen werden kreatives Denken und Teamfähigkeit ganz oben auf die Wunschliste gesetzt, doch wenn der Querdenker dann eingestellt ist und seinen kreativen Gedanken freien Lauf lässt, wird er entweder auf das Standarddenken eingenordet oder gefeuert.

Kreativität braucht Zeit. Und es braucht Denker, die Kreativität zielführend einsetzen. Leider werden Denker in Unternehmen künstlich beschnitten, indem man ihnen sogar die Pausen mit Arbeit vollpackt. Essen kann man schließlich auch am Schreibtisch. Allerdings sind Pausen wichtig, denn sie sind die Zeiträume zwischen dem Gewesenen und dem, was noch kommt. Sie sind die Inseln im Fluss der Zeit, der heilige Boden, der kreatives Denken erst möglich macht. Die besten Ideen kommen uns unter der Dusche, in der Badewanne und ganz besonders immer dann, wenn wir die Augen schließen. Entspannung ist das Zauberwort: Wenn wir schlafen, werden Körperfunktionen vom Gehirn auf das erforderliche Minimum runtergefahren, um in der Traumphase Energie bereitstellen zu können, die es ermöglicht, das am Tag Erlebte zu verarbeiten. Und in der Meditation schöpfen wir aus dem unendlichen Reichtum des Unterbewusstseins. Wir sind irgendwann von der Außenwelt völlig isoliert, und unser Gehirn befindet sich in einem dunklen Raum, wo es neue kreativitätsfördernde Synapsen bilden kann. Diesen neurologischen Kniff machen sich moderne Unternehmen zunutze: Sie stellen den Denkmaschinen unter ihren Mitarbeitern sogenannte Dark Rooms oder auch Floating-Kapseln zur Verfügung, in denen in völliger Dunkelheit und Ruhe Ideen entwickelt werden können. Studien haben dieser Methode eine rund 30%ige Steigerung der Kreativität bescheinigt. Wahre Erleuchtung findet also – witzigerweise – im Dunkeln statt.

Modernes Brainstorming als Ideenquelle und Kreativitätswerkzeug ist ein Mannschaftssport, und das Team mit dem höchsten Grad an Diversität gewinnt. Gemeinsames Generieren von Ideen profitiert außerordentlich von personeller Vielfalt, denn die Unterschiedlichkeit der Denkansätze bringt auch neue Lösungen zur Welt, die sonst nie erdacht worden wären. Harmonie und Lösungen entstehen nicht selten auch aus Widersprüchen, Differenzen und Gegensätzen. Durch Reibung entsteht Feuer.

Ohne Kreativität werden wir immer auf denselben Wegen laufen und uns wundern, dass wir ständig wieder dort ankommen, wo wir schon immer waren. Kreisläufer waren noch nie Entdecker. Erfolg entsteht durch das Brechen von Regeln und durch Ausbrechen aus alten Mustern. Die wichtigste Voraussetzung für die dafür notwendige Kreativität ist ein breites Wissen, die zweitwichtigste die Fähigkeit, aus diesem Wissen neue Verbindungen zu erschaffen und neue Zusammenhänge zu erkennen. Irgendwo dazwischen liegt noch eine dritte wesentliche Voraussetzung: Angstfreiheit, denn nur wer ohne Strafe denken darf, ist frei genug, wirklich groß zu denken.

Abwechslung. Petrischale für Kreativität.

Routine ist Gift für Kreativität. Stell dir mindestens einmal im Monat die Frage: „Wann habe ich eigentlich das letzte Mal etwas zum ersten Mal gemacht?" Wer den wirklich kreativen Ideen Spielraum geben möchte, muss neue Umgebungen suchen, denn nur neue Umgebungen liefern bisher nicht gekannten Input. Nichts leichter als das: Lies Bücher von Autoren, die in deinem Regal schon immer fehlten. Es gibt schließlich mehr als nur die eine Welt, die du schon immer gekannt hast. Flieg nicht zum fünfzigsten Mal nach Mallorca, sondern bereise ein Land, in dem du im Traum nicht gelandet wärst. Oder reserviere doch einfach einmal einen Tisch in einem Restaurant, dessen Speisekarte nicht in deine Ernährungsroutine passt. Neue Klänge, neue Worte, neue Bilder, neue Düfte, neue Inhalte: Dein Gehirn erschafft neue Verbindungen, die dir helfen, das bisher Unbekannte zu nutzen, um es mit Bekanntem zu verknüpfen und dadurch Lösungen für ein auf den ersten Blick unlösbares Problem zu finden. Wenn du mehr Werkzeuge in deinem Portfolio versammelst, kannst du ganz andere Dinge als bisher gestalten. Schenk deinen Gedanken Raum zu wachsen, experimentiere mehr. Fordere andere auf, deine Gedanken weiterzudenken. Und wenn das nicht funktioniert, frag einfach einmal einen völlig Fremden, der auf einem völlig anderen Gebiet seine Denkmuster formt. Wenn lineares Denken scheitert, solltest du bewusst absurd denken. Je vernetzter deine beiden Gehirnhälften miteinander kommunizieren, desto ungewöhnlicher und hilfreicher der Output. Wer von morgens bis abends immer nur Landschaften auf die Leinwand malt, kann gar nicht auf die verrückte Idee kommen, sein Bild bei einer Auktion zu schreddern. In der Kategorie Kreativität werden wir dem Computer hoffentlich immer überlegen sein, denn er kann nur Output erzeugen, der auf Kombination beruht, nicht auf Kommunikation – und erst recht nicht auf Inspiration. Empathie, Vorstellungskraft, Fantasie, zögern, abbrechen und noch einmal ganz von vorn denken: Alles, was uns zu kreativen Menschen macht, fehlt der künstlichen Intelligenz.

Scott E. Page, US-amerikanischer Sozialwissenschaftler und Mathematiker, hat es in seinem Buch „The Difference“ auf den Punkt gebracht:

> Die richtige Perspektive kann
> ein Problem vereinfachen.

Der subjektive Schwierigkeitsgrad einer Aufgabe hängt auch davon ab, welche Perspektive man zur Lösungsfindung verwendet. Ein vielfältiger Talentpool kann bei schwierigen Aufgaben das schaffen, was dem Individuum kaum gelingt: den Fokus variieren. Das kollektive Auge kann bei der Problembetrachtung demzufolge gleichzeitig Mikroskop und Teleskop sein. Bahnbrechende wissenschaftliche Entdeckungen und industrielle Entwicklungen beweisen es immer wieder: In den meisten Fällen ist der andere Blickwinkel eines Einzelnen der Auslöser für den kollektiven Durchbruch. Seine Kreativität hat dort weiter geforscht, wo die der anderen am Ende war.

Wo findest du deine besten Ideen?

Kapitelkonzentrat

„Creativity is intelligence having fun", soll Einstein einst gesagt haben. Deshalb ist es eine gute Idee, Kreativität in Unternehmen zu fördern. Die meisten stellen allerdings „Denken" über „Wunschdenken" und bremsen damit die kreativsten Mitarbeiter aus. Teams, die mit hoher Diversität glänzen, sind beim gemeinsamen Brainstorming besonders produktiv, denn es entstehen neue Blickwinkel, die zuvor unsichtbare Probleme und Chancen gleichermaßen beleuchten können. Wird künstliche Intelligenz all das jemals leisten können?

12:50
Montreal
UberX

KAPITEL 11

Digital macht's möglich

Viele Unternehmen waren um die Jahrtausendwende fest davon überzeugt, mit der Installation einer Webseite die Digitalisierung des Unternehmens erfolgreich abgeschlossen zu haben. Weit gefehlt, wie wir heute wissen, denn Digitalisierung wird vermutlich niemals enden. Immer wieder schießen neue digitale Ideen wie Pilze aus dem Boden, denn die Skalierungsmöglichkeiten sind enorm. Jedes Start-up träumt den Traum vom Senkrechtstarter, und immer mehr stellen sich die Frage, welche traditionellen und etablierten Geschäftsmodelle mit den Waffen der Disruption vom Markt gefegt werden können. Preisfrage: Was unterscheidet ein Traditionsunternehmen von einem Disruptor? Antwort: Das Traditionsunternehmen analysiert, was die Wettbewerber machen. Der Disruptor analysiert, was sie nicht machen.

Freie Marktwirtschaft und freier Wettbewerb ließen schon immer Platz für alle, die dabei sein wollten, und der Kampf um Umsatzanteile bestimmte das Tagesgeschehen. Heute ist der Kampf ungleich erbarmungsloser, denn warum ein Stück vom Kuchen nehmen, wenn man gleich die ganze Torte haben kann?

Beispiel Uber: Als der Fahrdienstleister den Markt betrat und ein Land nach dem anderen eroberte, stand die Taxiwelt kopf, denn diese Traditionssparte sah ihre Felle in reißenden Strömen davonschwimmen. Zur Erinnerung: Taxis sind die elfenbeinfarbenen Fahrzeuge des Gewerbes, das im Turm gleicher Farbe sitzt und nicht wahrhaben will, dass Personentransport auch ganz gut ohne Personenbeförderungsschein funktioniert. Die meisten Menschen befördern sich schließlich selbst ans Fahrziel, und mehr als einen Führerschein braucht es dafür nicht. Das Taxigewerbe hat noch immer nicht begriffen, dass man nicht alle 9.500 Straßen von Berlin im Kopf haben muss, wenn ein Navi für 79 Euro, bestellt beim Disruptor Amazon, diesen Job für deutlich kleineres Geld übernimmt. Jeder Fahranfänger mit zwei linken Händen kann den kleinen Kasten bedienen und macht mit einem Klick auf „Zielführung starten“ hundert Jahre Erfahrung obsolet.

Die Taxifahrer dieser Welt wollen nicht wahrhaben, dass der einzige Fortschritt der eigenen Zunft im letzten Jahrhundert darin bestand, dem Fahrgast händisch eine Quittung auszustellen. Ja, okay, einige haben auch den Koffer in den Kofferraum gehoben. Aber das ist auch schon das Ende der Fahnenstange in Sachen Kundenservice, und es wurde eher von einem Brummen als von einem Lächeln begleitet. Oder hast du schon einmal erlebt, dass ein Taxifahrer Radio und Taxifunk ausschaltet, wenn dein Handy klingelt? Ich saß persönlich in Taxis in über 37 Ländern und könnte ganze Kapitel dieses Buches mit witzigen und absurden Taxi-Geschichten füllen, die von allem anderen als der Liebe zum Detail und begeisterndem Kundenservice zeugen. Die Taxifahrer dieser Welt warten in der Summe Milliarden von Stunden auf Gäste, lesen aber lieber Bildzeitung, statt nur eine Minute darüber nachzudenken, wie man Fahrgästen Mehrwerte generieren, sich vom Mitbewerber abgrenzen und langfristige Kundenbindungen kreieren kann. Und jetzt, wo der Fortschritt mit voller Wucht durch die Straßenschluchten fegt, sieht man sich in der Opferrolle. Zurückschlagen ist keine Option, denn dafür fehlt die Kreativität. Lieber demonstriert man, ruft nach dem starken Arm der Regulierungsbehörden und dreht trotzig eine Extrarunde im Kreisverkehr.

Mehrwert? Alle haben gesagt, das geht nicht. Und dann kam einer – und hat es einfach gemacht: Uber Gründer Travis Kalanick.

Dem stank es nämlich gewaltig, dass der Quadratmeter, in dem er zum Ziel transportiert wurde, nicht den Duft der großen weiten Servicewelt, sondern den der Umkleidekabine eines Fitnessstudios versprühte. Ein silberner Laptop landete auf dem Tisch einer Starbucks-Filiale, und drei Latte macchiato und ein paar tausend Zeilen Code später war Uber geboren – und der Tod einer ganzen Branche zum Ziel erklärt. Na ja, ganz so dramatisch und schnell hat es sich nicht abgespielt, aber das Ergebnis zählt – und das hat die Taxiwelt in ihren Grundfesten erschüttert. Ist die Taxibranche „too big to fail?"

Du fragst dich jetzt bestimmt: Wie kommt man auf einen Geistesblitz dieses Kalibers? Der indische Venture Capitalist Ajeet Khurana hat die Geschäftsidee von Uber analysiert und destilliert und das Prinzip treffend und für jeden verständlich beschrieben: Du stehst vor einem Haus. Hinter dem Haus steht ein Taxi. Keiner sieht den anderen. Uber erkennt das Beziehungsproblem über die GPS-Positionen und stellt den Kontakt her. Klingt einfach, ist es auch. Merke: Wer ein Problem in aller Kürze und mit einfachsten Worten formulieren kann, hat die Lösung fast schon gefunden. Uber ist kein Taxiunternehmen, sondern eine Mischung aus Informations- und Servicedienstleister, denn Uber hat ein ewiges Problem erkannt und gelöst, das jeden nervt, der ein Taxi bestellt: Zwischen Bestellung und Ankunft ist man im Ungewissen, ob und wann es tatsächlich eintrifft. Wer zu einem wichtigen Termin muss, sitzt auf heißen Kohlen und muss beten, dass das Bestellte auch tatsächlich rechtzeitig geliefert wird. Mithilfe von GPS und Internet hat Uber diesen Stressfaktor gelindert. Keine Lösung ist jemals perfekt und für immer endgültig. Der menschliche Faktor spielt natürlich noch immer eine große Rolle. Und die Taxi-Branche hat derweil selbst zahlreiche Apps ins Rennen geschickt. Die Zukunft wird zeigen, wer auf dem Siegertreppchen ganz oben in die Kamera lächelt.

Mehrwert. Das Gebot der Stunde.

Nimm irgendein Geschäftsmodell. Stell es in die Mitte. Entferne unnötigen Ballast – und füge am Ende einen Mehrwert hinzu, an dem kein Kunde vorbeikommt. Mehrwert begeistert jeden, insbesondere dann, wenn man darauf bisher verzichten musste. Beispiel Spotify: Hier geht es nur auf den ersten Blick darum, seine Lieblingsmusik für kleines Geld überall hören zu können. Es geht auch nicht darum, dass man seine Favoriten bequem in einer Playlist speichern kann. Die Kirsche auf der Sahnetorte ist der „Mix der Woche" – Empfehlungen, die das System aus eigenen Hörgewohnheiten und den Favoriten anderer Kunden mischt. Man hört rein und wird begeistert, weil man Musikgenres kennenlernt, auf die man sich vermutlich nie im Leben eingelassen hätte. Wer dreißig Jahre lang dieselbe Musik hört, findet nur schwer neue Tanzschritte. Spotify und die Algorithmen bewahren uns davor, im Dunkeln zu fischen. Sie holen uns aus der selbst erwählten Eintönigkeit und bieten uns eine Vielfalt, von der wir zwar wussten, dass sie existiert, die wir aber nicht überblicken konnten. Aus der Flut von Angeboten werden für uns ab sofort genau die Perlen gefiltert, die unseren Hörnerv treffen.

Nächstes Beispiel: Carsharing. Diese Idee funktioniert eigentlich wie Spotify auf Rädern: Wir nutzen etwas, was uns nicht gehört. Warum ein Auto kaufen, wenn der Kauf von Mobilität völlig ausreicht? Fahrzeuge sind 23 Stunden am Tag Stehzeuge. Du würdest mit Sicherheit keinen Cent in eine Produktionsmaschine stecken, die so lange schläft und so ineffizient ist. Wenn wir denn mal fahren, fahren wir gern. Sagt die Werbung. Aber stimmt das überhaupt? Sitzen wir alle nicht lieber im Café an der Promenade als im Auto auf dem Weg dorthin?

Und last but not least: die Apple Watch. Existiert erst seit 2015, ist aber längst die größte Uhrenmarke der Welt. Haben uns die Hersteller edler Uhren bisher immer den Handaufzug als Nonplusultra der Uhrmacherkunst verkauft, obwohl eine digitale Casio dank Solarantrieb immer lief und dank Funktechnologie immer richtig, bringt die Apple Watch Mehrwerte, die keines der beiden Lager bisher aufbieten konnte: intuitiv zu bedienende Multifunktionskrone und unendliche Designvielfalt in allen Ehren, aber Apple ist das Kunststück gelungen, aus einem Zeitanzeiger ein Kommunikationswunder und einen Gesundheitscoach zugleich zu machen.

Digitalisierung macht viele Geschäftsmodelle erst möglich, die früher gar nicht gedacht werden konnten. Und mit jedem neuen Portal, jeder neuen App und jedem neuen Tool scheint sich die Welt ein bisschen schneller zu drehen. Eine einzige herausragende Idee, und die Maschinerie von Kapitalgebern, Programmierern und Marketingprofis wird in Gang gesetzt, um die Idee zu skalieren. Es macht einen gewaltigen Unterschied, ob ich 9,95 € pro Monat von 100.000 Menschen erhalte oder von 100 Millionen, besonders in der Jahresbilanz.

Das Silicon Valley ist die Mutter des Internets, und das Internet ist die Mutter der Wirtschaft aller Generationen nach uns. Anfangs noch Neuland, erfand Apple 2007 das Portal, auf das wir gewartet hatten: Das iPhone stieß die Tür in die neue Welt so weit auf, dass nicht nur Experten, Nerds und Early Adopters, sondern wir alle durchpassten. Heute vergessen wir eher Hausschlüssel und Portemonnaie als unser Handy, denn es hat sich längst zum Körperteil gemausert. Weil auch Teile des Gehirns dorthin ausgelagert werden, hat sich ein neues Problem entwickelt: Wer ein Smartphone jenseits der 200-Euro-Marke sein Eigen nennt, hält sich für das Kompetenzzentrum in Sachen Digitalität. Dabei haben wir doch längst begriffen, dass Klick- und Wischkompetenz keine Synonyme für Medienkompetenz sind. Für die meisten ist das Internet bis heute lediglich ein Ort, wo man günstig shoppen kann, wo Geiz noch geiler als geil ist; ein Ort, wo man Inhalte konsumiert und sich Dinge anschaut, von denen man nicht mal seinem Partner oder seinen Eltern zu erzählen wagt; ein Ort, wo man spielt, sich informiert und sich austauscht. Nur den wenigsten gelingt es, hier Geschäftsmodelle zu erkennen, obwohl jeder die gigantischen Umsatzpotenziale und Skalierungsmöglichkeiten bewundert, die die Unternehmen des Silicon Valley für sich nutzen. Fast der gesamte Rest der Welt beschränkt sich auf die Zuschauer- und Userrolle. Jeder kann in der echten Welt ein Problem erkennen, aber längst nicht jeder ist in der Lage, dieses Problem digital weiterzudenken.

Digitales Denken

Kein Taxifahrer dieser Welt kann uns weismachen, dass ihn sein Job ausfüllt, dass Leidenschaft der Motor seines Handelns ist. Seine Arbeit generiert keinen Fortschritt, es sei denn, er fährt zufällig einen Gründer zum Pitch. Wer stundenlang wartend am Taxistand im Nirgendwo verbringt, wo er die Bildzeitung vorwärts und rückwärts liest, kann kein wirklich glückliches Leben führen. Er vegetiert vielmehr dahin und lässt jeden Tag mindestens 50 % des möglichen Umsatzes auf der Straße liegen. Der Fahrdienstleister Uber bietet ihm die Chance seines Lebens, seine ganz persönliche digitale Strategie. Die Chance, aus dem Hamsterrad auszubrechen und endlich sein eigener Chef zu werden, ist längst da. Uber reicht ihm dazu die Hand. Er muss sie nur noch mit einem Klick ergreifen. Ansonsten wird er sich schon bald jeden Morgen zwei verschiedene Zeitungen kaufen müssen, um durch den Tag zu kommen.

Bei allen Möglichkeiten, die digitale Geschäftsmodelle bieten, geht es natürlich nicht nur um Skalierung und Disruption. Soll heißen: Du musst nicht unbedingt ein Tech-Start-up gründen, um die positiven Seiten des digitalen Wandels nutzen zu können. Wenn du kreativer Tischler bist, reicht es aus, wenn du aus der Flut von Angeboten, die diese Start-ups entwickeln, die Tools, Programme und Apps auswählst, die dein Geschäftsmodell effizienter machen. Mit welchen Tools kannst du Zeit sparen? Womit kannst du deinen Tag besser strukturieren? Mit welchen Lösungen kannst du besser kommunizieren, präsentieren und analysieren?

Genau das ist der Sinn der Digitalisierung: Die einen verdienen Geld damit, digitale Lösungen anzubieten. Die anderen generieren sich Vorsprünge, wenn sie diese Angebote nutzen. Sie investieren kleines Geld, um großes zu generieren. Je eher du weißt, dass eine Software existiert, desto eher kannst du von ihr profitieren. Wer keine Zeit hat, Berge von Fachzeitschriften zu wälzen und seine Zeit nicht im dichten Gedränge der Computermessen verbringen möchte, kann gern die Filtersysteme, Empfehlungen und Strategien auf ***Krisenhelden.de*** nutzen.

Wie digital möchtest du sein?

Kapitelkonzentrat

Die Digitalisierung spuckt kontinuierlich neue Geschäftsmodelle aus. Apps können Probleme in Angriff nehmen, die in analogen Zeiten als unlösbar galten und deshalb als gottgegeben hingenommen wurden. Uber, Spotify und Carsharing-Plattformen stellen das Leben, das wir kannten, mit ihren Lösungen auf den Kopf. Als Unternehmer oder Gründer muss man sich allerdings nicht verpflichtet fühlen, den großen Würfen nachzueifern. Es reicht, wenn man die Möglichkeiten der digitalen Plattformen, Programme und Apps nutzt, um sein eigenes Business voranzutreiben: Wie kann ich Zeit sparen? Wie kann ich mich besser organisieren? Worüber gewinne ich doppelt so viele Kunden mit der Hälfte des bisherigen Aufwands? Und welche Kommunikationstools sind für mich sinnvoll?

KAPITEL 12

Scheitern möglich. Aber verboten.

1967 wütete der Vietnamkrieg bereits im 13. Jahr. Auf beiden Seiten der Frontlinie waren unzählige Opfer zu beklagen, aber beide Parteien hatten gleichermaßen noch mehr Menschenleben an einen unsichtbaren Feind verloren: Malaria. Ho Chi Minh, Präsident der Demokratischen Republik Vietnam, bat seine chinesischen Alliierten um Hilfe. Mao Zedong, Vorsitzender der Kommunistischen Partei Chinas, reagierte umgehend und gründete ein groß angelegtes und streng geheimes Militärprojekt – „Projekt 523" –, an dem bis zu 600 Wissenschaftler beteiligt waren. Drei Gruppen suchten fieberhaft nach einer medizinischen Lösung: Gruppe 1 suchte synthetische Verbindungen, Gruppe 2 forschte in klinischen Studien und Gruppe 3 durchforstete den unendlich großen Wissensschatz der traditionellen chinesischen Medizin. In dieser Gruppe arbeitete auch die Pharmakologin Tu Youyou, die mit ihrem Team akribisch die verfügbare Literatur der letzten 2000 Jahre durchkämmte. Und nach Jahren der Suche schien es 1971 endlich so weit: Tu Youyou war sicher, in alten Schriften aus dem 4. Jahrhundert fündig geworden zu sein. Sie entdeckte im Buch des Arztes Ge Hong die Beschreibung eines Krankheitsverlaufs, der die Vermutung nahelegte, dass es sich dabei um Malaria handelt. 42 pflanzliche Rezepte waren dort gelistet, magische Rituale mit Spinnen und Asseln inbegriffen. Die detailliert beschriebenen Zubereitungszeremonien wurden allesamt wie beschrieben umgesetzt, doch keines der daraus gewonnenen Mittel konnte auch nur ansatzweise mit Wirkung überzeugen.

Tu Youyou gab nicht auf und nutzte die einzige zur Verfügung stehende Möglichkeit: noch einmal von vorn anfangen. Sie ging Rezept für Rezept noch einmal durch – und blieb bei Qinghao (Einjähriger Beifuß) hängen, weil sie dort die Möglichkeit eines Interpretationsfehlers erkannte: Sie änderte die Extraktionsmethode für die Blüten und Blätter, indem sie das Lösungsmittel kalt einsetzte, statt es wie üblich zu erhitzen. Und tatsächlich: Sie erzielte einen Volltreffer. Der Wirkstoff Artemisinin war identifiziert, und Tu Youyou durfte ihre Ergebnisse veröffentlichen – wegen der von Mao ausgelösten Kulturrevolution leider nur anonym. 2015 kam sie zu späten Ehren, als sie als erste Chinesin den Nobelpreis für Medizin entgegennahm. Besonders interessant: Tu Youyou ist bekannt für ihre „Drei-nicht-haben", das heißt, sie hat keinen Doktortitel, ist nicht Mitglied der Chinesischen Akademie der Wissenschaften und hat keine Studien- oder Forschungserfahrungen im Ausland. Ihre Entdeckung wurde bereits in den Siebzigern erfolgreich synthetisiert und gilt bis heute als wirksamstes Mittel gegen Malaria. Der Vietnamkrieg war längst vorüber, aber die letzte Schlacht wurde im Labor gewonnen.

Scheitern, Misserfolg, Niederlage: Drei Worte für das Verlieren auf ganzer Linie. Aber eine Niederlage muss nicht immer gleich ein Misserfolg sein. Man kann schließlich jederzeit wieder aufstehen und einen neuen Versuch starten, um den Misserfolg in einen Erfolg zu verwandeln. Man kann viele Spiele verlieren und trotzdem die Meisterschaft gewinnen. Die Menschen neigen bei uns dazu, ihren gesamten Wert und auch den von anderen daran zu bemessen, was sie in einem einzigen Moment wert sind: im Moment der Niederlage. Hier haben beispielsweise die Amerikaner ein kulturell völlig anderes Verständnis. Dort ist jemand, der scheitert, noch lange nicht als Versager abgestempelt. Wer sich in die Ecke zurückzieht und sich dort für sein Scheitern schämt, wird kaum Zeit und Kraft finden, neue Lösungen auszuprobieren. Zu groß ist die Angst, erneut zu scheitern und noch tiefer nach unten gezogen zu werden.

„Ich verliere nie. Ich siege oder ich lerne", soll Nelson Mandela einst gesagt haben. Und ein japanisches Sprichwort fordert sogar: „Fall siebenmal hin. Steh achtmal auf." Vielleicht weiß nur jemand, der tief gefallen ist, Erfolg auch wirklich zu schätzen. Erfolg ist das Ende einer ausgefeilten Vorbereitung, aber wer nimmt sich schon die Zeit, auch das mögliche Scheitern minutiös zu planen? Die Zahlen lügen nicht: Nicht der Erfolg, sondern das Scheitern ist der Standard. Im

Silicon Valley gilt das genauso wie bei uns. Mit identischen Zahlen ergötzen wir uns an den Gescheiterten, die im australischen Dschungel und von Peter Zwegat vorgeführt werden, statt uns zu fragen, wie viel Scheiterpotenzial wir selbst in uns tragen.

> Wer weitermacht, egal wie schlecht seine Chancen auf den ersten Blick auch stehen mögen, ist ein echter Krisenheld.

Auf ein Neues ...

Wenn Banken über Listen von insolventen Unternehmern verfügen und für alle Zeit deren Kreditanfragen ablehnen, kann man mit der Handlungsempfehlung „aus Scheitern lernen" leider nur in begrenztem Maße etwas anfangen. Scheitern ist bei uns eng verbunden mit Schuld. Man ist gezwungen, andere, meist umständlichere Wege zu finden, um bessere Ideen irgendwann doch noch zu finanzieren und umzusetzen.

Viele große Sportler sind im Laufe ihrer Karriere des Öfteren fulminant gescheitert, bevor sie Erfolg hatten. Spiel um Spiel und Finale um Finale verlieren sie, um Jahre später doch endlich ganz oben auf dem Treppchen zu stehen, was den Erfolg gefühlt deutlich wertvoller macht. Auch Unternehmerpersönlichkeiten beweisen immer wieder, wie sehr Niederlagen eine „Jetzt erst recht"-Mentalität in Gang setzen können. Hier ein paar Beispiele:

- Henry John Heinz produzierte mit seinem Partner 1869 Meerrettich in Gläsern, doch 1875 war die lange schwelende Insolvenz unabwendbar. Ein Jahr später gründete Heinz mit seinem Bruder und einem Cousin ein neues Unternehmen, das sich unter anderem auf Tomatenketchup in Flaschen spezialisierte: „Der langsamste Ketchup der Welt" war geboren.

- Nick Woodman war ein fantastischer Surfer, aber ein eher mittelmäßiger Student. Vom Brett stürzte er deutlich seltener als auf dem Businessparkett, denn seine beiden Start-ups scheiterten grandios in kurzer Folge: Auf seiner Webseite EmpowerAll.com verkaufte er erfolglos elektronische Geräte zu absoluten Kampfpreisen, und mit Funbug, einer Gaming-Plattform, versuchte er vergeblich, das Thema Entertainment neu zu definieren. Auf einem Surftrip in Australien und Indonesien, wo er seine Künste vergeblich auf Video festzuhalten versuchte, kam ihm schließlich die Idee für ein noch nicht existierendes Produkt: Die Action-Cam GoPro war erdacht. Um das Unternehmen zu finanzieren, lieh sich Woodman 200.000 Dollar von seinem Vater und 35.000 Dollar und eine Maschine von seiner Mutter, mit der er Kamerariemen nähte, während er mit frühen Entwürfen experimentierte. Weiteres Startkapital generierte Nick gemeinsam mit seiner zukünftigen Frau Jill durch den Verkauf von Muschelhalsketten, die sie auf Bali günstig ein- und in Kalifornien für den 30-fachen Preis verkauften. 2014 zählte Nick Woodman bereits zu den jüngsten Milliardären der Welt.

Momofuku Andō, 1910 in Taiwan geboren, gründete 1933 im japanischen Osaka ein Bekleidungsunternehmen. Doch der Erfolg blieb aus. 1948, in der für Japan extrem schwierigen Nachkriegszeit, wurde er wegen Steuerhinterziehung zu zwei Jahren Gefängnis verurteilt, weil er Stipendien an Studenten verteilt hatte. Aus der Haft entlassen, gründete er ein weiteres Unternehmen, das sich mehr schlecht als recht mit der

Produktion von Salz über Wasser hielt. Acht Jahre später experimentierte er monatelang mit gekochten Nudeln, die er haltbar machen wollte. Sein Durchbruch war die Geburtsstunde des Instant-Nudel-Herstellers Nissin Food Products. 1971 folgte die Einführung des Polystyrol-Bechers, der den Siegeszug der „Cup Noodles" rund um die Welt einläutete. Andōs ursprünglicher Traum, das Hungerproblem der Welt zu lösen, wurde allerdings nur ein kleines Stück Wirklichkeit. Aber die Geschichte beweist, dass Träume verdammt gut darin sind, Macher zu motivieren. Heute erzielt Nissin Foods über 362 Milliarden Yen Umsatz pro Jahr.

Scheitern ist Feedback: Im Nachhinein können wir nachvollziehen, was wir falsch gemacht haben. Auch eine solche Einsicht ist eine Form des Wissens, und Wissen ist eine gute Zutat für das nächste Projekt. Wer Ziele hat, erhält keine Garantie, dass er diese auch erreicht, und wer Ziele in Angriff nimmt, stellt sich nicht die Frage, ob die Gier nach Erfolg größer ist oder die Angst vor dem Scheitern.

Wie oft bist du bereits gescheitert?

Kapitelkonzentrat

Nicht Erfolg, sondern Scheitern ist der Standard: Neun von zehn Gründern erleben den dritten Geburtstag nicht. Der Begriff „Scheitern" hat auf den ersten Blick etwas Endgültiges. Dabei hat derjenige, der scheitert, immer auch die Möglichkeit der Wiederauferstehung. Scheitern erzeugt auch Wissen, und mit diesem Wissen lässt sich das nächste Projekt deutlich entspannter angehen.

Thomas Edison führte 10.000 fehlgeschlagene Experimente durch, um eine Glühlampe zu perfektionieren. Also nicht nach dem ersten Fehlschlag aufgeben.

KAPITEL 13

Fehler zulassen? Oder vermeiden?

Nimm mich bitte mit auf eine Reise in die Vergangenheit und erinnere dich für einen Moment an deinen letzten Urlaub. Was war in deinen Augen bei deinem Ferienflieger wirklich „Premium"? Das Platzangebot vermutlich nicht – Dosensardinen reisen fast bequemer. Auch die Bordverpflegung war vermutlich eher als Zeitvertreib denn als Gaumenfreude gedacht. Nein, es war ein Gefühl, das dich so richtig begeistert hat: das Gefühl von Sicherheit. Fliegen wird trotz steigender Passagierzahlen von Jahr zu Jahr ungefährlicher. Oder wann bist du das letzte Mal abgestürzt?

Mehrere Voraussetzungen sorgen für diesen Trend: Die Hersteller Boeing und Airbus sorgen dafür, dass die Technik funktioniert, denn ein Absturz ist in dieser Branche immer auch ein Sinkflug der Aktie. Zudem legen die Fluggesellschaften größten Wert auf eine hervorragende Ausbildung ihrer Piloten. Nach einem Absturz steht schließlich allein die Fluggesellschaft in den Schlagzeilen. Ein Absturz brennt sich ins Langzeitgedächtnis ein, aber ob es eine Boeing oder ein Airbus war, weiß ein paar Monate später niemand mehr.

Der dritte Sicherheitsfaktor ist der spannendste, denn er ist eine Mischung aus Technik und Pilot: der Autopilot. Wird er eingeschaltet, arbeitet er fehlerfreier als ein Flugkapitän mit 20 Jahren Erfahrung. Sekundenschlaf ist nicht Teil seines Betriebssystems. Was dir garantiert am besten gefällt: Der Autopilot streikt nicht. Wenn ihm eines Tages das Kunststück gelingt, Start und Landung ebenso sanft und sicher zu gestalten wie die 10.000 km in der Luft, ist das einst so heiß begehrte Berufsbild „Pilot“ ein Auslaufmodell. „Pilot“ hätte dann denselben Stellenwert wie „Trucker“ und „Taxifahrer“. Denn auch die wird es eher früher als später dank disruptiver Entwicklungen erwischen. Die Mobilität der Zukunft hat schließlich längst Fahrt aufgenommen.

Und jetzt wirf einen Blick auf dein Smartphone: Was nutzt du dort besonders häufig? WhatsApp, wirst du jetzt antworten, und damit gehörst du zu den zwei Milliarden Nutzern dieses führenden Instant-Messaging-Dienstes. Kannst du dir vorstellen, was passiert, wenn ein Programmierer ein fehlerhaftes Update zum Download bereitstellt und zwei Milliarden Nutzer nicht mehr kommunizieren können? Ich verrate es dir: gar nichts. Du wartest wie alle anderen geduldig auf das nächste Update, das den Fehler behebt, und machst mit dem weiter, was dich vorher beschäftigt hat. Der Grund ist simpel: Du nutzt einen kostenlosen Dienst, und wenn du das Kleingedruckte liest, wirst du feststellen, dass du gar keinen Anspruch auf nahtloses Funktionieren hast. Kein Wunder, dass Fehler im Silicon Valley als wesentlicher Teil des Lernprozesses angesehen werden. Das lässt sich aber nur behaupten, wenn Fehler keine gravierenden Folgen nach sich ziehen. Ein falsch programmierter Autopilot, der im Notfall ein manuelles Eingreifen gar nicht mehr zulässt, bewegt sich in Bezug auf Fehlertoleranz in ganz anderen Sphären. Hier kann ein kleiner Fehler 300 Menschenleben kosten – und das Leben von vielen tausend Hinterbliebenen für immer verändern.

Apropos kleiner Fehler mit verheerenden Konsequenzen: Die damals noch unabhängige Petri AG Aschaffenburg baute 1981 in Zusammenarbeit mit Mercedes-Benz den ersten Airbag. Im Jahr 2000 übernahm Takata, der führende japanische Entwickler von Insassenschutzsystemen, die Petri AG. 2001 machte sich das japanische Unternehmen auf die Suche nach Ideen mit Sparpotenzial – und wurde schnell fündig: Ein paar Yen pro Airbag konnte man einsparen, indem man den Airbag-Treibstoff Tetrazol gegen Ammoniumnitrat austauschte. 16 Jahre (!) später reagierte der Ersatzstoff im Süden der USA und in Malaysia mit Feuchtigkeit und Hitze und führte zu plötzlichen Explosionen, die fünf Menschen das Leben kosteten. Hatte das Unternehmen 2014 noch 55 Fertigungsstätten und 15 Forschungs- und Entwicklungszentren, musste das Schwergewicht 2017 mit 49.000 Mitarbeitern nach einer

Flut von Gerichtsverfahren in Japan und den USA Insolvenz anmelden.

Fehler fernab von Apps können tödlich sein. Und glaub mir: Es macht Tote nicht wieder lebendig, wenn man aus Fehlern lernt. Das Null-Fehler-Prinzip ist aber in vielen Bereichen überlebenswichtig, denn nach ein paar Rückrufaktionen sind nicht nur die Kassen leer, sondern auch der Ruf zerstört. Der Begriff Fehlerkultur klingt gut, aber er muss sich der Logik unterordnen. Logisch ist, dass derjenige, der im Verlaufe eines komplexen Projekts am meisten denkt, am meisten leistet und am meisten zur Lösung eines Problems oder zur Umsetzung einer Idee beiträgt, nach den Gesetzen der Wahrscheinlichkeitsrechnung auch die meisten Fehler macht. Und dieses Recht muss man ihm einfach zugestehen, auch wenn wir wissen, dass Topleute von Natur aus eher wenig Fehler machen. Doch auch diese wenigen Fehler muss die hauseigene Qualitätskontrolle vor Implementierung in die Produktion, spätestens aber vor Auslieferung des Produkts, entlarven. Nur diese Definition von Fehlertoleranz kann die richtige sein.

Hit happens

Das Schmerzhafte an Fehlern ist, dass man sie machen muss. Wenn ein Kind lernen soll, dass der Topf heiß ist, muss es ihn berühren. Schwerer Fehler, aber „Learning by doing“. Bei meiner zweiten Fahrstunde wäre ich durch Leichtsinn beinahe in einen schweren selbstverschuldeten Unfall geraten. Mein Fahrlehrer sagte damals: „Eigentlich könnten wir jetzt schon aufhören." Verdutzt und enttäuscht ließ ich den Kopf hängen. „Ich könnte dich eigentlich jetzt schon zur Prüfung anmelden, denn dieser Fehler hat dir 100-prozentig jegliche Flausen ausgetrieben." Aus unmittelbaren Erfahrungen lernen wir am meisten und begehen solche Fehler vermutlich nie wieder im Leben. Es gibt aber auch Fehler, die wir immer wieder machen, weil die Situation kein Lernpotenzial beinhaltet: Wenn wir eine Position im Unternehmen neu besetzen, kann sich der Kandidat als Fehlgriff erweisen, ebenso der nächste und der übernächste. Unsere Auswahlverfahren scheinen psychologisch ausgefeilt, aber gegen den Faktor Mensch gibt es weder Kraut noch Formel. Manchmal stimmt die Chemie einfach nicht und man landet unweigerlich im „Trial and Error"-Mode.

Klingt logisch, oder? Ist es aber nicht. Solche Fehlgriffe beruhen schlicht und einfach auf einem Denkfehler, denn Logik ist nicht immer auch Wahrheit. Smarte Unternehmer sind stets bemüht, Menschen einzustellen, die noch smarter als sie selbst sind. Der Haken: Smarter ist in vielen Köpfen gleichbedeutend mit teurer, und teuer ist gegen unsere Natur. Wir suchen den Kompromiss, stellen den nur vermeintlich smarten ein, weil er günstiger ist, und wundern uns, wenn die Sache schiefläuft. Wir stellen dann eine zweite Person ein und stellen irgendwann fest, dass zweimal billig häufig teurer ist als einmal teuer.

Fehler gehören zum Leben wie das Atmen und prägen unsere Persönlichkeit. Das Gute an Fehlern ist, dass die meisten sich korrigieren lassen. Das ist dann schlimmstenfalls ein Denkzettel, ein Rückschlag im Zeitplan, aber weil Zeit Geld ist, müssen wir zahlen. Erfolg ist, was übrig bleibt, wenn du alle Fehler hinter dir gelassen und alle Zechen gezahlt hast. Aber Kopf hoch: Nur die Ängstlichen lassen sich von Fehlern entmutigen, denn die Angst vor dem nächsten Schritt lässt sie erstarren oder zumindest zögern. Krisenhelden lassen sich nicht durch ihre Fehler und Rückschläge definieren, sondern nutzen sie als unschätzbare Quelle der Erkenntnis und Motivation.

Wer Fehler vermeiden möchte, muss vorher zahlen: Eine bessere Vorbereitung ist die halbe Miete; und zwei Fallschirme im Rucksack sind besser als einer. Und denk immer an die letzten Lektionen: Nicht jedes Scheitern beruht auf einem Fehler – manchmal war einfach nur das Timing nicht das richtige.

Was war dein größter Fehler?

Kapitelkonzentrat

Das Schmerzhafte an Fehlern ist, dass man sie machen muss, um aus ihnen zu lernen. Wer viel denkt, viele Entscheidungen treffen muss und zielführende Lösungen erarbeitet, muss Fehler machen dürfen. Fehlerkultur darf dann aber nicht über Strafmaße und Verantwortlichkeiten diskutieren, sondern muss über Prüfsysteme nachdenken, die Fehler entlarven können, bevor sie Schaden anrichten. Dann ist ein Fehler schlimmstenfalls ein Denkzettel.

KAPITEL 14

Chancen erkennen. Chancen schaffen.

In digitalen Zeiten giert die Welt mehr nach genialen Produkten als jemals zuvor. Wenn etwas kommt, was es noch nicht gibt, steht höchstwahrscheinlich „Must-have" drauf. Wenn nicht, ziehen wir spätestens dann nach, wenn unsere Freunde es besitzen. Wir alle kennen die Unternehmen, die solche Produkte reihenweise auf den Markt werfen. Aber wie entsteht ein global erfolgreiches Unternehmen? Im digitalen Heute sieht das nach Schablonen- und Fließbandarbeit aus: Man entwickelt eine brillante Geschäftsidee oder ein geniales Produkt, überzeugt Investoren und erobert Schritt für Schritt und Stück für Stück die Welt. Es läuft so, weil es gar nicht anders laufen kann. Die Höhle der Löwen spiegelt den Alltag im Silicon Valley.

Ja, so läuft es. Manchmal. Tatsächlich aber nur in den seltensten Fällen. Wer sich die Biografien der großen Unternehmerpersönlichkeiten und die Entwicklungsgeschichte ihrer Konzerne anschaut, wird feststellen, dass sehr viele Ideen, Produkte und Erfolge auf Zufällen basieren, auf Chancen, die genutzt wurden. Aber oftmals auch auf Chancen, die versehentlich genutzt wurden.

Erfolg lässt sich nur selten wirklich planen, denn niemand kann in die Zukunft schauen. Vorhersehbarkeit hat bis heute nicht einmal die Hersteller von Glaskugeln reich gemacht. Von einer Geschäftsidee bis zur Marktreife vergehen oftmals Jahre, und das gelegentlich mit gravierenden Folgen: Der Bedarf, den du heute erkennst, kann sich schon morgen in Luft aufgelöst haben, und dann will keiner mehr etwas von deinem Produkt und deiner Idee wissen, in die du viel Zeit, Geld, Schweiß und Herzblut gesteckt hast.

Mach ein Fenster auf!

Ein Musterbeispiel ist die Erfolgsgeschichte des Softwaregiganten Microsoft, dessen Kerngeschäft in den Anfangsjahren aus der Entwicklung von Programmiersprachen bestand. Der Aufstieg begann mit dem Einstieg von IBM in die Produktion von Homecomputern. Erst 1980 erkannte der Riese das Entwicklungspotenzial dieser Geräte und entwickelte unter Hochdruck eine eigene Produktionsschiene. Das Einzige, was zum vollkommenen Glück fehlte, war ein Betriebssystem. Die Einkäufer klopften auf ihrer Suche auch an die Tür von Bill Gates, der allerdings abwinken musste, weil er schlicht und einfach diesbezüglich noch nichts programmiert hatte. Windows sollte schließlich erst fünf Jahre später das Licht der Welt erblicken. Gates leistete kurzerhand Kollegenhilfe und empfahl den Unterhändlern das Unternehmen Digital Research, das ein Betriebssystem namens CP/M im Programm hatte. Dort angekommen, mussten die Einkäufer feststellen, dass Gary Kildall, der Chef und Gründer von Digital Research, nicht anwesend war. Seiner Frau Dorothy, Mitgründerin des Unternehmens, wollte man den Zweck des Besuchs nicht verraten. Sie sollte aber vorab schon einmal eine Geheimhaltungsvereinbarung unterzeichnen, was sie auf Anraten ihres Anwalts verweigerte. Nach drei Stunden fruchtlosen Wartens reisten die IBM Repräsentanten wieder ab. Und mit ihnen die Chance auf einen außergewöhnlichen Deal.

Mary Maxwell Gates, Mutter von Bill Gates, hatte – wie der Zufall oder der richtige Riecher es wollten – als Vorstandsmitglied der Wohltätigkeitsorganisation United Way National gute Kontakte zu IBM CEO John Opel. Die clevere Geschäftsfrau stellte den Kontakt wieder her – und legte damit den Grundstein für die Zusammenarbeit der beiden Unternehmen und den gemeinsamen Erfolg: Microsoft entwickelte in Rekordzeit MS-DOS, ein Derivat von CP/M. Den Rest der Geschichte kennst du.

For Whom the Bell Tolls

Als der junge Richard Branson seinem Schulleiter ein Memorandum schickte, in dem er forderte, Sechstklässlern täglich zwei große Bier zu erlauben, war das außergewöhnliche Selbstbewusstsein des Multitalents bereits mehr als deutlich zu erkennen. Und so gab ihm der Schulleiter eine Prophezeiung mit auf den Weg: „Entweder du landest im Gefängnis – oder du wirst Millionär." Er sollte Recht behalten, auch wenn er in seiner Vorhersage Branson den Milliardär eher nicht zugetraut hatte.

Branson, Jahrgang 1950, verdiente sich sein erstes Geld mit dem Versand von Schallplatten und eröffnete in der Folge einige Plattenläden. Von den Gewinnen errichtete er bereits 1972 ein hervorragend ausgestattetes Tonstudio, das er rund um die Uhr an Musiker vermietete. Sein zunächst erfolgloses Plattenlabel Virgin Records wurde über Nacht berühmt, als

Branson den noch unbekannten 19-jährigen Mike Oldfield unter Vertrag nahm, dessen Debütalbum „Tubular Bells" die Musikwelt veränderte und sich stolze fünf Jahre in den englischen Charts halten konnte. Der Welterfolg des Duos verkaufte sich 17 Millionen Mal und war der Grundstein für Bransons Virgin Imperium. Der Mischkonzern setzt noch heute auf sein Zugpferd Branson, der mit skurrilen Auftritten (z.B. als Stewardess seiner Fluggesellschaft) gern höchstpersönlich sein Marketing befeuert.

Unternehmer haben Macken. Sie müssen auch ein bisschen verrückt sein, um sich auf all das einlassen zu können, was das Unternehmerdasein ausmacht. Ingvar Kamprad, IKEA Gründer, war Multimilliardär, begründete seinen Reichtum aber mit seinem Geiz. Nicht umsonst hat er sich selbst den Titel „schwedischer Schotte" verliehen. Große und kleine Macken finden wir bei den meisten erfolgreichen Menschen, denn Macken sind nicht auf Milliardäre beschränkt, sondern schlicht und einfach menschlich.

Denk an deine eigene Schulzeit zurück: Wer von deinen Mitschülern hat es am weitesten gebracht? War es tatsächlich der, dessen Karriereweg durch seine hervorragenden Noten vorgezeichnet war? Oder war es der Klassenclown, dem es damals eigentlich niemand zugetraut hätte? Vielleicht war es ja auch der Introvertierte, der die Pausenzeiten am liebsten allein verbracht hat; mit den Fingern in den Ohren und vertieft in ein 800-Seiten-Buch (das war ich). Oder sogar der, den keiner deiner Klassenkameraden und Lehrer auf dem Zettel hatte, derjenige, dem nicht mal seine eigenen Eltern einen Weg jenseits des Durchschnitts bescheinigt hätten. Wer auch immer: Nur die wenigsten Schüler haben wirklich große Ziele, wenn nicht gerade einem erfolgreichen Elternteil mit Vorbildpotenzial nachgeeifert wird. Es sind in aller Regel Zufälle und zufällige Begegnungen, die Menschen das Tor zum Erfolg öffnen. Oder plötzliche Eingebungen: Als die britische Einzelhandelskette Marks & Spencer mit ihren Food Stores ins Sandwichgeschäft einsteigen wollte, erkannte der damalige Leiter der Lebensmitteltechnologie, Martin van Zwanenberg, wie unendlich zeitraubend der Aufwand war, Butter per Hand auf Brotscheiben zu schmieren. Ganz besonders, wenn täglich Tausend davon in einem einzigen Store zu produzieren waren. Tage später war er durch Zufall Teilnehmer einer Delegation, die einen hauseigenen Lieferanten von Bettwäsche besuchte. Dort sah er, wie die Muster mit einer Siebdruckmaschine auf den Stoff übertragen wurden. van Zwanenberg wusste sofort: Das müsste doch eigentlich auch mit Butter statt Farbe funktionieren. Kurzerhand führte Marks & Spencer diese Technik in den Food Stores ein – und ebnete damit der Eroberung des Sandwichmarkts den Weg.

Geschäftsmodell als Chance

Erfolg basiert auf Erkenntnis: Als der 1891 gegründete Seifenhersteller Wrigley seinem Produkt ein Päckchen Backpulver als kostenloses Geschenk beifügte, stiegen die Verkaufszahlen spürbar an. Ab dato fuhr das Unternehmen zweigleisig, denn die Profitaussichten waren Grund genug, auch in die Backpulverproduktion einzusteigen. Was konnte man jetzt als Geschenk beifügen? Die Entscheidung fiel auf zwei Streifen Kaugummi, denn diese Gaumenfreude hatte das Potenzial, die ganze Familie zu begeistern. Der Erfolg war so überwältigend, dass Wrigley die Produktion komplett umstellte und sich in kurzer Zeit zum größten Kaugummihersteller der Welt entwickelte.

Ähnlich flexibel war das Produktportfolio von Nokia, das nach Gründung 1865 mit Papiererzeugnissen sein Geld verdiente. Später gesellten sich Alltagsprodukte wie Gummistiefel und Fahrradreifen dazu. Im Laufe der Jahrzehnte entstand ein Mischkonzern, bevor sich das Unternehmen ausschließlich auf die Herstellung von Elektronikprodukten und Mobiltelefonen (das erste Nokia Autotelefon wog satte 10 Kilogramm) konzentrierte. Als die Marktkapitalisierung dank der Erfolge auf dem Mobilfunkmarkt einen Betrag von 70 Milliarden Dollar auswies, entschied man sich, alle anderen Sparten abzustoßen. Den Untergang läutete das Unternehmen selbst ein, weil es den Wechsel zum Smartphone komplett verschlafen hatte. Mit dem Verkauf der Handysparte an Microsoft 2013 entschied man sich, fortan mit Netzwerktechnologien sein Geld zu verdienen.

Aristoteles war sich ziemlich sicher: „Zur Wahrscheinlichkeit gehört auch, dass das Unwahrscheinliche eintritt." Aber wie schwammig und verschwommen sind die Übergänge zwischen Glück, Zufall und Chance? Eigener Misserfolg ist schließlich immer „Pech", der Erfolg der anderen „reines Glück". Manchmal ist das, was wir als Zufall bezeichnen, einfach nur der Tatsache geschuldet, dass wir nicht über die erforderlichen Informationen verfügen, um das Geschehene als logische Konsequenz zu erkennen. Wenn dich deine Jugendliebe genau in dem Moment anruft, wo du an sie denkst, hältst du das für einen glücklichen Zufall. Wie aber nennst du die tausend Momente, in denen du an sie gedacht hast, das Telefon aber stumm blieb? Mit 365 Toren war Gerd Müller der „Bomber der Nation" und Rekordtorschütze der Fußball-Bundesliga. Er gilt aufgrund seiner außergewöhnlichen Körperbeherrschung und Fähigkeit zur Antizipation als einer der besten Stürmer aller Zeiten. Stand er jedes Mal rein zufällig genau dort, wo der Ball hinkam?

WM-Finale 1974 in München

Meine Empfehlung an dich: Genieße den Zufall, wenn du ihm begegnest. Ansonsten solltest du dir natürlich auch mit harter Arbeit an dir selbst und deinen Fertigkeiten sowie mit eiserner Disziplin und Durchhaltevermögen deine eigenen Wahrscheinlichkeiten erschaffen. Gerd Müller ist genau das ja ziemlich gut gelungen.

Wie bereit bist du für deine Chancen?

Kapitelkonzentrat

Chancen müssen ergriffen werden, damit man sie in bare Münze umsetzen kann. Allerdings ist Erfolg nicht planbar, und deshalb kann sich eine Chance gelegentlich auch als Sackgasse herausstellen. Wer die Augen offen hält, erkennt auch Chancen, die eigentlich nicht in sein Geschaftsmodell passen. Chancen, die auf den ersten Blick nach Zufall aussehen, entpuppen sich oftmals als logische Konsequenz – vorausgesetzt, man verfügt über die notwendigen Informationen und die Bereitschaft, das zu erkennen.

KAPITEL 15

Risiken und Reaktionen

Jede Krise ist ein Lackmustest für die eigene Einstellung: Reagierst du mit Gelassenheit oder scheust du vor dem Hindernis? Fokussierst du eher auf die Gefahren oder auf die Chancen? Lässt du dich aus der Bahn werfen oder glänzt dein Weg mit Konsequenz und Stabilität?

Jede Krise fordert Entscheidungen: Suchst du Schutz, um die Krise möglichst unbeschadet zu überstehen? Oder suchst du das offene Feld und gehst den Weg des Risikos, den nur wenige zu gehen bereit sind?

Wenn sich neue Chancen bieten, muss man auch bereit sein, die Richtung zu ändern. Als der deutsche Druckmaschinenhersteller manroland AG 2011 Insolvenz anmeldete, weil infolge der Wirtschaftskrise und auf Druck des Internets immer mehr Druckereien, Zeitungen und

Verlage von Investitionen in neue Maschinen absahen, erkannte der ebenfalls angeschlagene Branchenprimus, die Heidelberger Druckmaschinen AG, die Notwendigkeit des Handelns. Durch Neugliederung der Organisationsstruktur und Entwicklung eines Effizienzprogramms konnten neue Geschäftsfelder anvisiert werden: So wagte man die Rückkehr auf den heiß umkämpften Markt der Digitaldruckmaschinen, der 2004 mit dem Verkauf der hauseigenen Sparte an Kodak verlassen wurde. Mithilfe von Ricoh und Fujifilm wurden mehr als konkurrenzfähige Modelle entwickelt. Heute bedient Heidelberger auch Kunden außerhalb der grafischen Industrie: Dank des internen Know-hows im Bereich Elektronik konnten beispielsweise Wallboxes für Elektroautos entwickelt werden, die schnell Referenzstatus erlangen konnten.

Vielen Unternehmen gelingt der Weg aus der Krise aus eigener Kraft. Die individuelle Ausgangslage definiert die Strategie der Neuausrichtung, damit das Comeback gelingen kann: Geschäftsfelder ohne Rendite werden abgestoßen, profitable gestärkt und neue auf ihr Potenzial hin geprüft. War in früheren Krisen Aussitzen eine Option, ist heute Handeln gefragt, denn wer das Heft nicht selbst in die Hand nimmt, macht sich zum Spielball der Konkurrenz. Auch dafür bietet die Geschichte zahlreiche Beispiele. Was uns allerdings deutlich mehr interessiert, sind die Unternehmen, die es geschafft haben – und natürlich ganz besonders die, die in der Krise entstanden sind.

Schlechte Zeiten sind manchmal auch gute Zeiten

Viele träumen von ihrem eigenen Unternehmen, vom selbst geformten Erfolg. In Krisenzeiten überwiegen allerdings Ängste und Ausreden, weshalb man doch lieber auf bessere Zeiten warten sollte. Allerdings ist eine Unternehmensgründung auch in besseren Zeiten immer mit einem Risiko behaftet. Und genau diese Risikobereitschaft zeichnet den Unternehmergeist aus: Sich auf neues Terrain wagen. Mit wachsamen Augen Chancen erkennen, die andere übersehen oder unterbewertet haben. Wenn andere in Krisen aufgeben, entstehen Lücken. Lücken, die neu besetzt werden wollen. Des einen Leid ist leider allzu oft des anderen Freud:

- William Durant war Hersteller von Pferdekutschen, bevor er 1904 bei Buick einstieg, wo er bereits 1908 den Posten des Präsidenten innehatte. Mitten in der Krise, die durch die große Börsenpanik von 1907 ausgelöst wurde, gründete er eine Holdinggesellschaft, um Automobilhersteller wie Oldsmobile, Pontiac und Cadillac günstig aufzukaufen: General Motors war geboren.

- Das Jahr 1929 erlangte durch den 24. Oktober, den Black Thursday, traurige Berühmtheit. An diesem Tag versuchten alle Investoren nahezu zeitgleich, ihre Aktien abzustoßen. Die Great Depression in den USA war Auslöser für eine gigantische Weltwirtschaftskrise, die erst 1932 ihren Tiefpunkt erreichen sollte. In dieser Zeit sorgte Walt Disney mit kleinen Filmen dafür, dass die Menschen etwas zu lachen hatten. Filme, mit denen er keine Umsätze erzielen konnte. Die Menschen erinnerten sich nach der Depression an seinen Einsatz und dankten es ihm, indem sie die Kinos stürmten. Mit 26 Oscars ist er bis heute der ungekrönte König von Hollywood.

Walt Disney

Als Trip Hawkins 1978 bei Apple einstieg, zählte das Unternehmen gerade einmal 50 Mitarbeiter. In den nächsten vier Jahren explodierte das Geschäft mit Heimcomputern, und Apple war bereits auf rund 1.000 Mitarbeiter angewachsen. Hawkins, Marketingdirektor bei Apple, kündigte seinen sicheren und heißbegehrten Job im Jahr 1982 – mitten in der Zeit der schweren

Rezession, die durch die Ölpreiskrise 1979 ausgelöst wurde und die in den Industrieländern eine hohe Arbeitslosenquote zur Folge hatte. Mitten in dieser Krise entschied er sich für die Selbstständigkeit und gründete das Videospiel-Unternehmen Electronic Arts, das heute über 9.000 Mitarbeiter beschäftigt und über 5 Milliarden Dollar Umsatz produziert.

Trip Hawkins

Diese Liste lässt sich endlos fortsetzen. Aber du erkennst bereits jetzt: Es spielt keine Rolle, ob sich eine Chance bei Windstille oder in stürmischen Zeiten bietet. Irgendeiner erkennt sie, ergreift sie und macht daraus eine Erfolgsgeschichte. Die muss nicht groß sein. Wichtig ist allein, dass jemand bereit ist, den Status quo zu hinterfragen und gegen den Strom zu schwimmen. Mark Twain hat es als Mahnung formuliert:

> Wann immer du dich auf der Seite der Mehrheit befindest, ist es Zeit, innezuhalten und nachzudenken.

Mark Twain

Gegen den Strom aufs richtige Pferd

Wenn alle Menschen schreiend aus dem Zoo stürmen, wird keiner so dumm sein, den entgegengesetzten Weg zu nehmen. Die natürlichste Reaktion ist in solchen Situationen meistens die richtige. Allerdings hat Instinkt nur begrenzt etwas mit Intelligenz zu tun. Unterm Strich ist Herdentrieb heute eher was für Schafsköpfe.

In Unternehmen ist das nicht anders. So werden in Krisenzeiten immer zuerst die Marketingbudgets gestrichen, um Geld zu sparen und möglichen Umsatzeinbußen schon im Vorfeld entgegenzuwirken. Wenn diese Umsatzeinbußen sich bewahrheiten, hat man vermeintlich richtig gehandelt. Niemand kommt auf die Idee, dass die Umsatzeinbußen eine Folge der Budgetkürzung sein könnten. Es ist durchaus sinnvoll, solche Einschnitte zweimal zu überdenken, denn nach der Krise ist die Investitionsbereitschaft der Kunden oftmals schneller wieder erwacht, als Marketing und Vertrieb mit passenden Angeboten reagieren können. Nicht selten ändern Kunden in Krisenzeiten ihr Kaufverhalten, und das Verschieben von Prioritäten steht ebenfalls auf der Liste. Nur wer dies erkennt und rechtzeitig seine Strategie anpasst, kann von diesen Änderungen profitieren. Es wird immer Konsumenten geben, die beim ersten Anzeichen einer Krise den Schlüssel fürs Sparschwein verschwinden lassen. Genauso viele sind aber auch bereit, ihre Brieftaschen zu öffnen, um dem Einzelhandel unter die Arme zu greifen, indem für später geplante Investitionen zeitlich vorgezogen werden. Die Reaktionen der Unternehmen sind teilweise auch überhastet, weil vorab keine Krisenpläne ausgearbeitet wurden, die man im Fall der Fälle einfach aus der Schublade holt und ausführt.

> „Wer in Werbung investiert, wenn andere schweigen, kann sich sicher sein, dass seine Botschaft gehört wird. Nie war die Zeit günstiger, seine Botschaft zu formulieren und in die Welt zu tragen."

Was macht dich zum Krisengewinner?

Kapitelkonzentrat

In Krisenzeiten muss ein Masterplan greifen: Wie reagiere ich? Welche Alternativen stehen mir zur Verfügung? Welche Option hat Zukunft? Aussitzen ist immer eine Option. Vorwärts marschieren auch – oftmals sogar die beste. Nicht nur in Krisenzeiten lohnt es sich, ständig die Fühler auszustrecken: Auf welchen anderen Geschäftsfeldern könnte mein Know-how wertvoll sein? Wie kann ich mit geringen Investitionen mein Produktportfolio ändern und zeitgemäßer machen? Viele Unternehmen sind in der Krise entstanden oder groß geworden, weil sie sich auf neues Terrain gewagt haben. Warum sollte man sich seine Chancen nicht selbst basteln?

KAPITEL 16

Ein Blick nach vorn

Wie werden wir morgen leben, denken und arbeiten? Wie werden wir uns motivieren, bilden und vernetzen? Die Diskussionen, die in den letzten Jahren gerade in den Bereichen Bildung und Digitalisierung angestoßen wurden, werden kontinuierlich weitergedacht. Weitere Impulse werden zum Wandel beitragen. Die Wirtschaft wird sich verändern, wenn Unternehmen sich verändern. Unternehmen werden menschlicher, auch weil neue Generationen sie dazu zwingen. Und wenn der Mensch endlich tatsächlich in den Mittelpunkt rückt, wie es uns sämtliche Unternehmensphilosophien seit Anbeginn versprechen, wird sich auch das Arbeiten selbst verändern. Alles ist miteinander verzahnt, und wenn ein Zahnrad entfernt wird oder seine Größe ändert, müssen die anderen reagieren.

Früher war es ein Zeichen von Beständigkeit und Loyalität, wenn man mit 15 in ein Unternehmen eintrat und ihm 50

Jahre lang die Treue hielt. Doch die Zeiten der Firmenjubiläen und goldenen Uhren sind längst abgelaufen. Heute suchen Mitarbeiter Abwechslungen und Herausforderungen, und Personalchefs schätzen die daraus erwachsenen Erfahrungen und Blickwinkel, die das Unternehmen bereichern. Eine weitaus interessantere Vision ist die des Projektarbeiters, der nicht mehr fest angestellt ist, sondern seine Arbeitskraft als persönliches Unternehmenskapital einsetzt und mit seinen Fähigkeiten Projektteams verstärkt. Der mit seiner Arbeit beginnt, wenn er ausgeschlafen ist. Der Pausen nicht nimmt, wenn eine pawlowsche Glocke läutet, sondern dann, wenn er sie braucht. Der eine Arbeit zu Ende bringt, auch wenn der Tag sich bis in die Nacht ziehen sollte. Die Zukunft gehört dann endlich den unternehmerisch Denkenden, die sich viele Fähigkeiten selbst aneignen und ihre Karriere damit selbst steuern. Die nicht Spezialisten, sondern Allrounder sind und sich Projekten dann anschließen, wenn sie deren Spaßfaktor bewertet und die dazugehörige Herausforderung erkannt haben. Die Zukunft gehört vor allem denjenigen, die ihr Know-how als Intrapreneure in die Unternehmen transferieren und damit Projekt und Unternehmen gleichermaßen in die Erfolgsschiene führen. Die Zukunft gehört aber auch endlich denjenigen, die zur Gestaltung der eigenen Zukunft die Initiative ergreifen, die in sich selbst investieren.

Noch heute wird ein Genie, das sich fünf Programmiersprachen und ebenso viele Skriptsprachen selbst beibringt, belächelt. Nicht belächelt, sondern eingestellt wird heute noch derjenige, der ein Informatikstudium mit mittelprächtigem Abschluss vorweisen kann. Als teamfähig gilt man heute, wenn man sich in die bestehende Hierarchie eines Teams einordnet, ohne das Betriebsklima zu stören. Morgen sieht die Definition anders aus, denn morgen liegt der Fokus dort, wo er heute schon liegen sollte: auf der Fähigkeit, Teams zu verstärken und zu inspirieren und dadurch zum Projekterfolg beizutragen. Dein bester Mitarbeiter ist zweifelsohne der, der dich und dein Unternehmen am meisten inspiriert, der dich und deine Gedanken in eine Richtung lenkt, die du von allein niemals gegangen wärst.

Mindset von morgen

Wenn die Information das Öl von morgen ist, ist Big Data das Gold. Insbesondere bei Daten stellt sich längst nicht mehr die Frage, wem sie gehören. Viel interessanter ist mittlerweile, was wir draus machen. Mit Wissen über Konsumverhalten und andere Gewohnheiten können wir den Service optimieren oder Menschen manipulieren.

Gewohnheiten manifestieren sich in Präferenzen, und daraus formulieren wir Meinungen. Die wiederum lassen sich bestätigen und nachvollziehen oder kritisieren. Es gibt drei Arten von Kritik, die sich nach Zweck und Gewicht unterscheiden: 45 % kommt von Menschen, die Geld damit verdienen, dass sie Dinge kritisieren; 45 % kommt von Menschen, die Geld verlieren, wenn sie diese Dinge nicht kritisieren – weil sie beispielsweise vorher ihr Geld in ein anderes Produkt oder eine andere Philosophie investiert haben; und nur 10 % der Kritik kommt von Menschen, die alles verstanden haben und eine logische Argumentationskette nutzen.

Zu welcher Kategorie eine Kritik gehört, ist manchmal nicht nachvollziehbar. Wir sind dann gezwungen, uns darüber eine eigene Meinung bilden. Letztendlich gewinnen wir mit Big Data auch nur Meinungen. Die Trefferquote von Algorithmen wächst, aber Crawler sind machtlos, wenn ein Account von mehreren Personen genutzt wird. Und sie sind auch nicht überall beliebt, denn nicht jeder fühlt sich wohl in seiner Haut, wenn man ihm beim Surfen über die Schulter schaut und sieht, welche Vorschläge die Datenkraken in den Werbeblöcken unterbreiten. Algorithmen sind zwar deutlich günstiger als Analysten aus Fleisch und Blut: Sie schlafen nie, und Auflehnen ist ebenfalls nicht Teil der programmierten Befehlsketten. Doch bei allem Fleiß durchleuchten sie nicht Menschen, sondern Accounts. Aber auch dieser Fehler wird irgendwann per Update behoben.

Es bleibt, wie es ist: Menschen bevorzugen auch morgen noch Menschen, auch wenn die mit Kritik nicht hinter dem Zaun halten. Scheu und Zurückhaltung sind seit Social Media eh schon aus den meisten Köpfen entfernt.

Auf welche Zukunft freust du dich?

Kapitelkonzentrat

Bisher galten in den meisten Unternehmen zwei Devisen: Ein Mitarbeiter, der mehr kontrolliert wird, arbeitet auch besser. Und je straffer die Zügel, desto effizienter die Führungsarbeit. Diese Einstellung hatte durchaus ihre Berechtigung, weil es mit der Motivation des Einzelnen nicht weit her war. Doch der Wandel hat auch hier längst eingesetzt: Unternehmen werden menschlicher, Hierarchien flacher, und Mitarbeiter motivieren sich plötzlich selbst. Wenn Arbeit den Bedürfnissen, Gewohnheiten und Ansprüchen des Einzelnen gerechter wird, erhöht sich auch dank Eigeninitiative die Produktivität.

SO VIEL BLIEB 2018 VON EINEM EURO

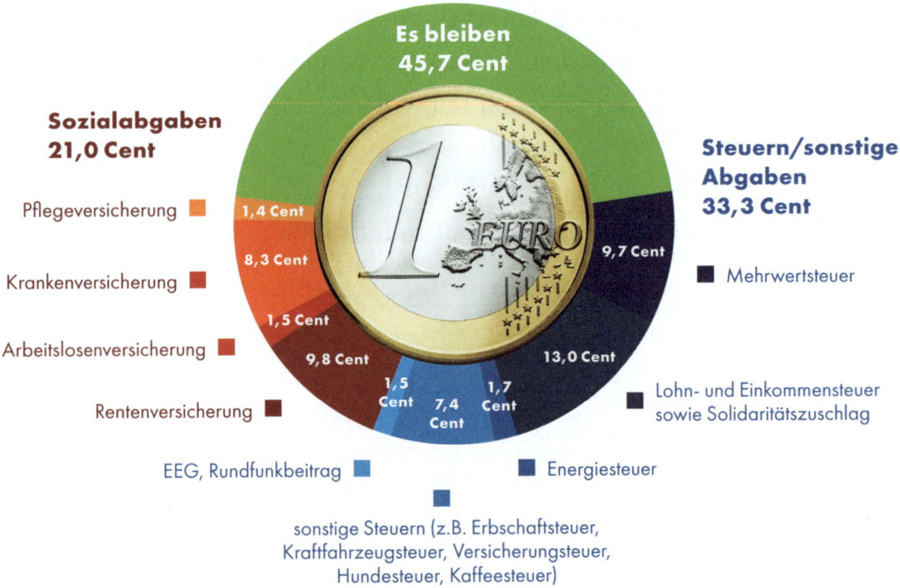

KAPITEL 17

Steuern oder: **Was bleibt?**

Zählst du „Steuern zahlen" zum unternehmerischen Pflichtprogramm? Willkommen bei der Mehrheit! Und du gehörst auch zur Mehrheit, die staunend zur Kenntnis nehmen muss, dass einer Umfrage des Bundesfinanzministeriums zufolge drei Viertel aller Deutschen durchaus gern hohe Steuern zahlen. Nun gut, einerseits kann man bei Umfragen Fragen so stellen, dass die gewünschte Antwort wahrscheinlicher wird. Andererseits gibt es tatsächlich zwei gute Gründe, gern Steuern zu zahlen. Zum einen profitiert man auch selbst vom Gemeinwohl, und zum anderen gilt: Wer hier Steuern zahlt, lebt auch hier. Deutschland ist schön, voller Vielfalt oder vor allem sicher – zumindest früher mal. Man bewertet Steuerpflicht als gerechten Ausgleich für die Geburtslotterie: Wer das Glück hatte, auf der Nordhalbkugel geboren zu sein, hat auch die Pflicht, etwas zurückzugeben. Erst dem eigenen Land, dann dem Rest der Welt.

Genau genommen hat auch niemand etwas gegen Steuern. Nur die Höhe entspricht nicht unserem ganz persönlichen Gerechtigkeitsgefühl. Wusstest du, dass die Steuerbelastung der Bürger in der goldenen Zeit der Kaiserreiche Deutschlands und Österreichs unter 10 % lag? Das ist erst 120 Jahre her. Damals gehörten beide Länder zu den reichsten und mächtigsten der Welt; und sie hatten im weltweiten Vergleich den höchsten Lebensstandard – auch und gerade für Arbeiter und arme Menschen. Der Spitzensteuersatz lag in Deutschland zwischen 1986 und 1989 bei satten 56 %. In Österreich ist er nun „herabgesetzt" worden auf 50 %. Der aktuelle deutsche Wert von 45 % liegt zwar darunter, ist aber immer noch ein ordentliches Pfund. Das Hauptargument der Besserverdienenden ist mathematisch nachvollziehbar: Wer unternehmerisch tätig ist, arbeitet nicht 37,5 Stunden pro Woche, sondern nicht selten doppelt so lange. Wer dann die Hälfte seiner Zeit fürs Finanzamt – Verzeihung: fürs Gemeinwohl – arbeitet, arbeitet rechnerisch 37,5 Stunden ohne jegliches Entgelt.

Die Frage sollte erlaubt sein, ob ein Gemeinwesen fair und gerecht bestehen kann, in dem unter 83 Millionen Menschen lediglich 16 Millionen echte Werte durch ehrliche Arbeit schaffen, während der Rest zu alt, zu jung, zu krank, zu gering qualifiziert, zu hoch qualifiziert, zu faul oder sonst etwas ist; oder in Betrieben und Einrichtungen arbeitet, die allein durch Steuergelder finanziert werden und somit gar keine realen Werte schaffen. All dieses Geld muss erst erwirtschaftet werden, bevor die fleißigen Umverteiler aktiv werden können. Und ist eine Gesellschaft gerecht, die über ihre Parteien, Medien und Meinungsführer Unternehmern dann auch noch permanent vorhält, in Wahrheit Betrüger, Profiteure oder böse Ausbeuter zu sein?

Es gibt das geflügelte Wort, dass jeder Unternehmer in Deutschland Angst haben muss, mit einem Bein im Gefängnis zu stehen. Wahrscheinlich nur deswegen nicht mit beiden Beinen, damit er weiterhin die Hälfte seiner Wertschöpfung abgeben kann. Die Kluft zwischen Steuerpflicht und Steuergerechtigkeit ist nicht zu leugnen. Das Problem in der Diskussion ist der persönliche Standpunkt, der eine gerechte Lösung nahezu unmöglich macht: Jeder ist der Meinung, dass der andere noch das eine oder andere Prozent mehr zahlen sollte, könnte oder müsste. Man selbst wird ja schließlich schon genug zur Kasse gebeten. Die Grenze der Zumutbarkeit möchte jeder nach Belieben selbst definieren, aber das wäre ja so, als wollten wir im Supermarkt nur den Preis für eine Ware bezahlen, der gerade ins Budget passt. Damit wir uns in dieser Frage nicht endlos im Kreis drehen, gibt es Steuergesetze. Aber hast du dich schon einmal gefragt, warum in Deutschland – anders als in der Schweiz – die Bürger niemals befragt wurden, welche Steuern sie eigentlich auf kommunaler und Bundesebene für gerecht und sinnvoll halten? Und weil Steuern in Deutschland äußerst komplex sind, gibt es den Beruf des Steuerberaters, der leider meiner Erfahrung nach selten Stratege und selbst erfolgreicher Unternehmer, sondern allzu oft lediglich ein Belegverwalter, Buchhalter und die Schnittstelle zum Finanzamt ist. Die legale Anwendung des Steuerrechts zu deinen Gunsten ist also der erste Schritt, um deine Steuerlast zu senken und deine finanzielle und persönliche Freiheit zu erhöhen. ***„Wer die Pflicht hat, Steuern zu zahlen, der hat auch das Recht, Steuern zu sparen“***, meinte schon Altbundeskanzler Helmut Schmidt. Und der war immerhin Sozialdemokrat.

Sehr erhellend ist die Tatsache, dass Mehrwertsteuer, Einkommensteuer und Lohnsteuer zum größten Teil der Steuereinnahmen beitragen, während gerade einmal 10 % des Bundeshaushaltes über die Körperschaft- und Gewerbesteuer finanziert werden. Hierdurch wird klar, dass es gerade große Unternehmen mit vielen Mitarbeitern sind, die „sozial“ agieren, eben weil sie vielen Menschen eine Perspektive, ein Einkommen und zugleich dem Gemeinwesen ein hohes Steuereinkommen bieten.

Medial weitgehend bekannt: Riesen wie Amazon, Google, Starbucks und Apple – aber auch VW und viele andere deutsche Konzerne – sind wahre Meister in der Disziplin der Steuergestaltung, denn sie zahlen deutlich weniger, als viele für gerecht halten. Und wir verzeihen Ihnen das mit dem nächsten Klick auf den Kaufbutton, dem neuen Auto in der Einfahrt und einem Frappuccino an einem heißen Sommertag. Aber was gibt es eigentlich zu verzeihen? Amazon bewegt sich komplett im rechtlich vorgegebenen Rahmen. Und die irische Regierung wurde wohl kaum mit Waffengewalt von Apple genötigt, individuell zuvorkommende Steuer-Deals zu vereinbaren. Steuern werden natürlich am liebsten dort bezahlt, wo die niedrigsten Steuersätze gelten.

Noch immer herrscht aber Uneinigkeit darüber, ob Online-Käufe im Land des Käufers, des Herstellers, des Anbieters oder der Transaktion versteuert werden müssen. Das Internet hat diesbezüglich neue Verwirrung gestiftet, weil Verwaltungswege komplizierter werden. Rechts- und Sprachhürden müssen genommen werden, was Zeit und Manpower kostet. Es ist wie beim Cybercrime: Wenn ein Täter über verschiedene Server in verschiedenen Ländern agiert, müsste ein Opfer theoretisch über seine Rechtsvertretung in jedem Land Datenzugriff erbeten. Weil das extrem zeitaufwendig und kostenintensiv ist und die Höhe des Schadens um ein Vielfaches übersteigt, lässt man die Täter gewähren. Oft landet man auch in einer Sackgasse – spätestens dann, wenn die üblichen Verdächtigen unter den Staaten die Unterstützung verweigern.

Die Möglichkeiten der legalen Steuergestaltung sind gerade für Unternehmer äußerst vielfältig. Von der intelligenteren Bilanzierung über die Gründung einer Holding, einer Stiftung oder eines Vereins bis zur Verlegung des Wohn- oder Firmensitzes ins steuergünstige Ausland: Auf viele Arten lassen sich Einsparungen von bis zu 90 % erzielen. Weil zum Beispiel Nachbarländer wie Tschechien auch mit 15 % Flat Tax erfolgreich auskommen.

Politiker aller Parteien jubeln, wenn Tesla in Brandenburg eine Gigafabrik aus dem Boden stampft. Der Tausch Arbeitsplätze gegen Steuergeschenke ist parteiübergreifend gängige und willkommene Praxis. Das ist natürlich eine Gratwanderung, denn Bund und Länder sind auf die Steuereinnahmen unmittelbar angewiesen, um ihre Pflichten zu erfüllen. Steuern sind und bleiben ein Thema mit Streitpotenzial. Und so werden auch im nächsten Wahlkampf die Wähler mit neu gestrickten Steuerversprechen an die Urne gelockt. Und auch im nächsten Wahlkampf wird es viele Menschen geben, die ihre wertvolle Stimme nur allzu gern dagegen eintauschen – wer immer auch auf dem Plakat abgedruckt ist.

Und dabei wissen wir: Gerade in kommunistischen Regimen hatte die Elite Luxus, Komfort und die größten Annehmlichkeiten; und die arbeitende Bevölkerung hatte hierfür in der Spitze bis zu 90 % Steuern zu zahlen und keine Chance, Wohlstand und Freiheit durch Unternehmertum und kluge Investitionen zu erreichen.

Diktator Fulgencio Batista soll 1959 Kuba nach der Machtübernahme durch Fidel Castro mit 40–150 Millionen Dollar verlassen haben. Da er mit der amerikanischen Mafia über viele Jahre Geschäfte gemacht hatte, dürfte die Wahrheit irgendwo dazwischen liegen. Wie reich Vorzeige-Kommunist Fidel Castro bei seinem Tod 2016 tatsächlich war, darüber darf spekuliert werden: Die Schätzungen bewegen sich zwischen 100 und 900 Millionen Dollar. Mehr Kontrolle und Macht als sein Vorgänger hatte er allemal, und unterm Strich leiden die Kubaner seit 60 Jahren unter Fremdbestimmung, Misswirtschaft und einer Steuersklaverei, die niemandem erlaubt, finanziell wirklich erfolgreich zu werden – außer natürlich den Herrschaften um den Máximo Líder.

Fulgencio Batista

Fidel Castro

Steuergerechtigkeit ist ein Streitthema, das Teil einer größeren Diskussion ist: Auf die Umverteilung des Kapitals in der modernen Gesellschaft wird in den Medien immer wieder aufs Neue hingewiesen. Das Schlagwort lautet Ungleichheit: 80 % des Vermögens dieser Welt gehören 20 % der Menschen. Das reichste Hundertstel der Menschheit besitzt sogar stolze 50 % des Kapitals. Die berühmte Schere symbolisiert die Kluft zwischen Arm und Reich. Wenn behauptet wird, dass diese Schere immer weiter auseinandergeht, wird oft vergessen, wie sie im Mittelalter aussah, als der Herrscher – König, Fürst, Baron oder Herzog – nahezu alles und das Volk fast nichts besaß. Auch noch vor 200 Jahren waren über 90 %

der Menschen in Deutschland arm. Aus dieser Perspektive hat bereits ein beachtlicher Fortschritt stattgefunden. Der Kapitalismus und die freie Marktwirtschaft sind nicht das Problem – sie sind die Lösung. Man muss heute im Kapitalismus nicht mehr als Sohn eines Königs geboren werden, um Wohlstand genießen zu dürfen. Mit Harz IV lebt es sich heute vielfach angenehmer als noch vor 120 Jahren als Aristokrat. Heute kann jeder seine Vision umsetzen, unabhängig von Faktoren wie Geschlecht, Herkunft und Bildung. Eine gewisse Ungleichheit wird es immer geben, und sie wird auch durchaus akzeptiert, denn wir wissen um den positiven Antrieb des freien Wettbewerbs. Und tatsächlich schließt sich die Schere: In Europa beispielsweise verfügten die reichsten 10 % um 1900 über rund 90 % des Privatvermögens. Heute sind es nur noch 55 %.

Ansichten eines Superreichen

Golf ist traditionell der Sport der Reichen, ganz besonders der älteren unter ihnen. Und der Golfplatz war von Beginn an die Spielwiese der alten Weißen – bis zu dem Tag im Jahr 1997, als ein 21-jähriger Schwarzer namens Tiger Woods sein erstes Masters gewann und mit seinem letzten Putt 20 Turnierrekorde auf einen Streich brach. Die Welt lag ihm zu Füßen. Keiner hätte damals auch nur im Traum daran gedacht, ihn wegen seines Alters anzufeinden.

Alter ist im Sport kein Grund, böse zu sein. Nirgendwo auf der Welt. In keiner Sportart. Alt und Jung wetteifern begeistert Seite an Seite. Nur in der Fußball-Bundesliga nicht: Dort wird Dietmar Hopp, Mäzen der TSG 1899 Hoffenheim, aufs Übelste beschimpft, weil er dem Amateurverein, bei dem er einst selbst auflief, den Weg von der Kreisklasse in die Bundesliga geebnet hat. In die Liga, in der nur alte, weiße Männer – sprich: Traditionsvereine – ein Existenzrecht haben.

Jeder Traditionsverein profitiert von Sponsoren. Und jeder Traditionsverein profitiert von der TSG, wenn ein Spieler von dort die eigene Mannschaft verstärkt, damit der Klassenerhalt oder der Sprung auf die internationalen Plätze gelingt. Die ganze Nation profitiert, wenn TSG-Spieler den Kader der Nationalmannschaft bereichern. Wer von uns sehnt schließlich nicht den fünften Stern herbei? Dietmar Hopp unterstützt viele Sportvereine in der Region, die in unterschiedlichen Sportarten aktiv sind. Doch nur von Fußballfans wird er für sein großzügiges Engagement angefeindet. Warum? Wer einen Grund finden möchte, findet auch einen. Reichtum verpflichtet, und Dietmar Hopp nimmt seine Pflicht ernst. Wie die meisten Reichen und Superreichen. Der Schrei nach Steuergerechtigkeit ist letztendlich genauso dumm wie die Schreie von den Tribünen, denn die erste Frage muss in beiden Fällen lauten: Welches Ziel soll erreicht werden? Soll die TSG vom DFB die Rote Karte erhalten und in die Kreisklasse zurückkehren? Das wäre so irrational wie eine Erhöhung der Einkommensteuer. Warum? Weil Menschen mit Vermögen das mit Leichtigkeit ausgleichen können. Wenn in der Folge weniger Spenden fließen und weniger Investitionen getätigt werden, schneidet sich die Mehrheit ins eigene Fleisch. Wenn Dietmar Hopp in Dortmund ein Haus mit 30 Wohnungen baut, freuen sich Hunderte von Mietern, Käufern, Handwerkern und Familien, ob BVB-Fan oder nicht. Und wenn seine gemeinnützige Stiftung 800 Millionen Euro in Bildung und Gesundheit ausschüttet, freuen sich viele andere.

Frag 1000 Menschen, ob arm oder reich, nach ihren Zielen, und du wirst ein buntes Sammelsurium an Antworten erhalten. Aber ein Ziel teilen alle gemeinsam: Jeder möchte, dass die eigenen Kinder es einmal besser haben als man selbst. Diesen Wunsch dürfen wir den Menschen, die aus dem Nichts ein Imperium erschaffen haben, nicht verwehren. Wenn die große Mehrheit weiterhin an den Gewinnen der Reichen teilhaben möchte, muss sie ihnen zugestehen, dass sie alle zur Verfügung stehenden Möglichkeiten ausschöpfen, ihr Vermögen zu wahren und zu mehren. Das ist schließlich ihr gutes Recht. Und deins auch.

Meine Ansicht ist die der Schweizer: Die Bürger haben als Souverän der direkten Demokratie das alleinige Recht, darüber zu bestimmen, welche Steuern sie wem unter ihnen abnehmen und wohin sie diese Gelder fließen lassen wollen. Wem sonst sollte ein Staat mitsamt seinen Finanzinstitutionen gegenüber Rechenschaft schulden, wenn nicht denjenigen, denen er ihr hart erarbeitetes Geld abgenommen hat? Aber dieses Verständnis fehlt den meisten deutschen Steuerzahlern wie auch Politikern und Medienvertretern leider komplett. Und selbst die milliardenfachen Exzesse und Skandale der öffentlichen Steuerverschwendung scheinen in Deutschland niemanden wirklich noch vom Sofa und vom Stammtisch-Bier wegzulocken.

Also, bist du bereit, deine Steuern zu steuern?

Kapitelkonzentrat

Zahlst du gern hohe Steuern? Sag ja, und du gehörst zur Mehrheit der Deutschen. Das hält dich aber nicht davon ab, mit dem Finger lieber auf andere zu zeigen, wenn das Thema Steuererhöhung im Raum steht. Kein Wunder, dass dann noch mehr Finger auf dich zeigen. Ob dein Steuerberater dein Freund ist, zeigt sich am Jahresende. Und ganz besonders deutlich, wenn du deine Zahlen mit denen anderer Unternehmen gleicher Größe vergleichst, die wissen, dass Steuerrecht nicht nur aus Steuerpflicht besteht, sondern auch intelligente Wege der legalen Steuergestaltung zulässt.

EMAAR

KAPITEL 18

Dein Weg. Dein Ziel. Dein Leben.

Trampelpfaden folgt man gern, denn sie wurden bereits von vielen genutzt. Das macht zwar sehr wahrscheinlich, dass sie irgendwo hinführen. Wenn das Ziel dieses Weges aber der Erfolg sein soll, solltest du allerdings lieber den anderen, den steinigen Weg wählen, denn Steine sind Hindernisse. Jeder, der bereits Erfolge gefeiert hat, kann dir von den Steinen erzählen, die den Weg durch das Unterholz, seinen Lebensweg, gepflastert haben.

Hast du dir schon Gedanken über die Ziele gemacht, die du im Leben erreichen möchtest? Was braucht die Welt, das nur du ihr geben kannst? Welche Superkraft steckt in dir, und wofür kannst du sie einsetzen? Wenn sich die Antworten auf diese Fragen mit deinen Leidenschaften decken, hast du den richtigen Weg gewählt. Dann werden Steine plötzlich kleiner und lassen sich fast schon mühelos aus dem Weg räumen.

Schau noch einmal in die Zukunft. Wenn du Angestellter bist und dein Renteneintrittsalter bei 70 Jahren liegt, wirst du irgendwann auf dein Leben zurückblicken. Aus dieser Perspektive ist es ein Leichtes, all die Chancen zu erkennen, die du in den letzten 40 oder 50 Jahren verpasst hast. Du wirst feststellen, was aus den Menschen geworden ist, die deinen Weg eine Weile begleitet haben, bis sich eure Wege getrennt haben. Es wird dich runterziehen, wenn du erkennst, was einige von ihnen im Leben erreicht haben, obwohl ihr Potenzial doch deutlich unter deinem lag. Auch das ist ein Stück Wahrheit: Wer sich überschätzt, ist statistisch gesehen erfolgreicher. Das ist der Moment, wo du deine Entscheidungen hinterfragst, und du wirst möglicherweise feststellen, dass du etwas Großes nicht in Angriff genommen hast, weil du Angst hattest, etwas Kleines zu verlieren. Erfolg bemisst sich immer auch an dem, was man aufgibt.

Du wirst feststellen, dass sich Investitionen, die du gescheut hast, mittel- oder langfristig als äußerst lukrativ erwiesen haben. Weil andere sie getätigt haben. Und dir wird endlich klar, dass all deine Entscheidungen von deinen vorherigen Entscheidungen beeinflusst wurden, dass du Ängste nicht abgeschüttelt hast, um nachfolgende Entscheidungen endlich unvoreingenommen treffen zu können. Du hast stattdessen zugelassen, dass diese Ängste bei jeder nachfolgenden Entscheidung mit am Tisch saßen, um ihr Stimmrecht auszuüben. Ja, im Nachhinein ist man immer klüger, aber bei jeder Entscheidung gilt es, nach Möglichkeit auch das Nachhinein einzubeziehen: Welche Entwicklungen zeichnen sich ab? Welche weiteren Chancen können sich eröffnen?

Aber du hast Glück, denn du lebst nicht in der Zukunft, sondern im Hier und Jetzt. Du kannst das gesammelte Wissen nutzen, um deine Bereitschaften zu justieren. Frage dich also jetzt nicht mehr „Sollte ich das Risiko eingehen?“, sondern wechsle die Perspektive und suche nach Gründen, die belegen könnten, dass das Gegenteil deiner gefühlt richtigen Entscheidung vielleicht doch die bessere Wahl wäre. Über Stolpersteine kann man nicht fallen, wenn man sie in weiser Voraussicht rechtzeitig aus dem Weg räumt.

Die Wahrheit und nichts als die Wahrheit

Wenn du Entscheidungen treffen musst, machst du dich auf die Suche nach Fakten, denn auf der Basis von Fakten lassen sich Risiken, Erfolgschancen und Gefahren am besten gegeneinander abwägen. Leider ist es so, dass nicht alles Fakt ist, was den Stempel „Wahrheit“ trägt. Fake News, verdrehte Zahlen und manipulierte Informationen vermischen sich mit Fakten zu etwas, das keiner mehr so richtig durchschauen kann. Wir schütteln den Kopf, wenn wir lesen, dass Menschen mit 80 Jahren Lebenserfahrung und Verstand auf den Enkeltrick reinfallen; und das obwohl einige davon zeitlebens kinderlos waren. Wir sollten aber bei solchen Meldungen zugeben, dass auch wir Wahrheiten in hohem Maße emotional bewerten, was es schwer macht, ihr die Maske runterzureißen.

Wahrheiten werden heute auf Bestellung konstruiert. Bei Universitäten zum Beispiel. Diese müssen auch Rechnungen bezahlen, und um Geld zu verdienen, lassen sie sich von Konzernen beauftragen, Studien zu erstellen. Die gewünschten Ergebnisse werden bei Auftragserteilung gleich mitbestellt. Wem soll man auf der Welt noch trauen, wenn selbst die Wissenschaft nicht mehr glaubwürdig ist? Menschen, die sich einst mit ihrem Ehrenwort der Wahrheit verpflichtet haben? Im Laufe der Corona-Krise wurden Stimmen laut, dass die Krise in großen Teilen herbeigeredet worden sei, dass Zahlen des Robert-Koch-Instituts nicht eindeutig und präzise genug waren und zu viel Interpretationsspielraum ließen. Ältere Menschen zählten zur Risikogruppe, und es waren auch tatsächlich in erster Linie die Älteren, die in der Krise ihr Leben ließen. Einen faden Beigeschmack hinterließ die Meldung, dass Menschen jenseits des 80. Lebensjahres, die sich bereits im Endstadium einer Krebserkrankung befanden, zu den Corona-Opfern gezählt wurden, weil sie sich kurz zuvor infiziert hatten. Die vielleicht am selben oder am nächsten Tag den Kampf gegen den Krebs verloren hätten, infiziert oder nicht. Das hat die Statistiken der Corona-Opferzahlen deutlich verfälscht. Statistiken, auf deren Basis die Bundesregierung Entscheidungen getroffen hat, die unser aller Leben beeinflusst und Handlungsspielräume der Wirtschaft massiv beschränkt haben. Schlampige Zahlen mit zu breitem Interpretationsspielraum sind von Fake News gar nicht so weit entfernt. Fake News leben davon, dass Menschen am liebsten den Wahrheiten glauben, denen sie glauben wollen. Die Wissenschaft nennt das „Vermeidung kognitiver Dissonanz“: Wenn Botschaften unsere eigene Meinung bestätigen, haben diese Botschaften es sehr viel leichter, unsere Filter zu passieren und als Wahrheit akzeptiert zu werden. Unbequeme Botschaften hingegen haben es deutlich schwerer, denn Wahrheit kann auch weh tun. Wenn Menschen auf Migranten schimpfen, die ihnen den Job wegnehmen, müssen sie die Wahrheit akzeptieren, dass der Migrant, der bis vor Kurzem unsere Sprache nicht verstanden und kein Netzwerk im Rücken hat, einfach besser ist als man selbst. Dann sollte man sich und seine Bereitschaften hinterfragen, statt ewig weiterzuschimpfen. Mit Hetze lässt sich keine Veränderung herbeiführen, und Initiative ist nicht unbedingt die herausragendste Eigenschaft von Populisten.

Wie findest du die Wahrheit, auf deren Basis du deine Entscheidungen fällst? Wenn du die Wahrheit finden willst, findest du sie auch. Du musst nur tief genug graben. Es gibt mehr Input als das, was deine Tageszeitung oder die Abendnachrichten liefern. Nutze das Internet und informiere dich über die Themen, über die ausländische Medien berichten. Du findest nicht nur andere Meinungen, sondern erkennst auch, was bei uns und anderswo von der Presse totgeschwiegen wird. Frage dich, welche Meldungen welchen Interessen dienen. Wer profitiert, wenn Informationen unter den Teppich gekehrt werden? Wahrheitsfindung kostet Zeit, aber auch Zeit ist ein Teil deines Investitionsprogramms. Nicht jeder meint es gut mit dir. Lügen können dir als Chance verkauft werden, weshalb du gut daran tust, bei jedem Angebot den Wahrheitsgehalt zu hinterfragen, denn nur so kannst du Risiken korrekt bewerten. Viele machen bei der Risikobewertung den Fehler, die eigenen Fähigkeiten und das eigene Leistungsvermögen zu niedrig anzusetzen. Damit ignorieren sie komplett die Möglichkeit und die Wahrscheinlichkeit, dass sie über sich hinauswachsen können. Robert Kiyosaki sieht das übrigens genauso: ***„Every time you think you can't do something, someone else thinks they can.“***

Wie viel Mut hast du?

Kapitelkonzentrat

Hast du ein Ziel im Leben? Ist es ein großes? Und was passiert, wenn du dieses Ziel erreicht hast? Strebst du dann nach Höherem? Wenn irgendwann die Zeit gekommen ist, auf dein Leben zurückzublicken, ist es zu spät für eine Entscheidung. Dann musst du Größe beweisen und dir Fehlentscheidungen und Versäumnisse eingestehen. Richtige Entscheidungen setzen Wahrheit voraus: Fakten. Korrekte Zahlen. Gehaltene Versprechen. Lügen existieren nur, weil jemand von ihnen profitiert. Welche Filter nutzt du, um Lüge und Wahrheit zu unterscheiden?

2020

KAPITEL 19

Vermögen werden in Krisenzeiten geboren

Die nächste Finanzkrise kommt bestimmt, denn im Schnitt kollabieren die Märkte alle 10 Jahre mit unterschiedlicher Intensität. Krisen setzen auch dir zu, denn du musst schließlich kein Aktionär sein, um von sinkenden Kursen mitgerissen zu werden. Es reicht aus, wenn der Pensionsfonds, der deine Altersvorsorge steuert, auf dem internationalen Börsenparkett aktiv ist. Und in einer globalisierten Gesellschaft sind die Märkte zudem so vernetzt, dass man im Fall der Fälle zwangsläufig zum Kollateralschaden wird. Liegt die Wirtschaft erst am Boden, ist Business as usual auf unbestimmte Zeit nicht mehr möglich.

Konsumenten verschulden sich mehr und mehr. Je weiter die letzte Krise entfernt ist, desto risikofreudiger werden sie.

Kein Wunder, denn Unternehmen, Banken und Regierungen leben ihnen das vor. Seit über 500 Jahren kennt man die Indikatoren für Finanzkrisen, doch die Regulierungssysteme ignorieren weiterhin die Signale und handeln erst, wenn das Kind in den Brunnen gefallen ist. Alan Greenspan, ehemaliger Chef der US-Notenbank, sagte einst: „Blasen erkennt man erst, wenn sie platzen."

Märkte reagieren traditionell mit Panik, und es dauert eine ganze Weile, bis das Vertrauen in das System zurückkehrt. Aber eine Finanzkrise muss nicht das Ende der Welt sein, insbesondere nicht für den Einzelnen, der bereit ist, Eigenverantwortung zu übernehmen.

Alan Greenspan

Krisen und ihre Muster

Dass die Wirtschaft in Krisenzeiten schweren Schaden nimmt, lässt sich an Aktienkursen nicht immer ablesen. Was nach Ignoranz aussieht, ist die Hoffnung von Investoren, günstige Käufe irgendwann in bare Münze umzuwandeln. Die Attraktivität von Aktien ist trotz aller Erfahrungen ungebrochen, und in Krisenzeiten profitieren diejenigen, die ihr Geld an der Börse und in anderen Unternehmen anlegen. In der Lehman-Krise waren das neben Warren Buffett die großen Banken, Investoren und Wirtschaftsmanager. Mit anderen Worten: Es waren all die, die finanziell einen längeren Atem haben als die Krise. Was im Nachhinein von Beobachtern als glückliches Händchen bezeichnet wird, ist in Wirklichkeit eine Kombination aus Marktkenntnis und analytischem Denken.

Wie in den vorherigen Finanzkrisen lässt sich die aktuelle Situation immer daran bemessen, in welchem Umfang Kredite nicht mehr bedient werden können. Wenn die Banken an ihre Liquiditätsgrenzen kommen und die Bevölkerung in Panik die Auszahlung ihrer Guthaben fordert, wird der Zusammenbruch beschleunigt.

Nach 8 Wochen Corona-Shutdown gab es in Deutschland 10 Millionen Menschen in Kurzarbeit; in den USA stieg die Arbeitslosenquote auf über 20 %. Dort rechnet die US-Notenbank mit einem Wirtschaftseinbruch von 30 %. Am schwersten betroffen sind die Menschen, die in der informellen Wirtschaft arbeiten. Das sind in der Mehrzahl

Gelegenheitsarbeiter, die auf keinerlei Rücklagen zurückgreifen können und ohne staatliche Hilfen tatsächlich in eine Hungerkrise geraten könnten.

Das Corona-Virus ist allerdings nur der Auslöser dieser Krise – die Ursachen sind hausgemacht. Wir hatten uns von der Lehman-Krise nie wirklich erholt und mit neuem Geld immer wieder alte Löcher gestopft. Jetzt droht das Fass zu bersten. Die Zentralbanken setzen wie damals schon alle ihnen zur Verfügung stehenden Hebel in Bewegung. Weltweit werden Steuergelder ins Wirtschaftssystem gepumpt, um die zu retten, die zuvor schlecht gewirtschaftet haben. Um das leisten zu können, muss Geld gedruckt werden, was unweigerlich im ersten Schritt eine Deflation und im zweiten eine Inflation nach sich ziehen wird. Ein scheinbar gelöstes Problem generiert also immer wieder ein neues Problem, weshalb Krisen dieser Art sich immer über viele Jahre auswirken. Corona war ein neues, ein unbekanntes Phänomen, dessen Folgen schwer einzuschätzen waren. Als aber die Zahlen ziemlich eindeutig waren, haben die Lockerungen zu lange auf sich warten lassen. Die Regierung hätte keinen Gesichtsverlust erlitten, wenn sie zugegeben hätte, dass die Maßnahmen in der Retrospektive als Überreaktion zu bewerten waren. Als man sich dessen bewusst war, hätte man allerdings zügig gegensteuern müssen. Die Furcht vor der nächsten Wahlklatsche hat dann das Ruder übernommen.

Für diese und alle künftigen Krisen mit ähnlichem Ablauf gilt allerdings: Niemand ist gezwungen, dieser Abwärtsspirale in die Inflation zu folgen. Jeder kann frei entscheiden, ob und wann er mit den ihm zur Verfügung stehenden Mitteln gegensteuert. Herdentrieb war in allen bisherigen Krisen ein ziemlich schlechter Ratgeber.

Geschäftsmodell als Chance

Unternehmen mit Weitblick verfügen über eine Liquidität, die mindestens ein Krisenjahr absichert. Die Geschichte lehrt uns, dass die Ausläufer großer Krisen uns noch über viele Jahre hinaus beschäftigen. Aber Vorsorge kostet Geld, das wachsen und uns später zur Verfügung stehen soll – das wir aber viel lieber schon jetzt ausgeben möchten. In der Krise hoffen viele auf Staatshilfen, von deren Gewährung nicht wenige Existenzen abhängen. Existenzen sollten mit einer hohen Resilienz ausgestattet sein, und wer nicht mehr aus eigener Kraft funktionstüchtig oder gar lebensfähig ist, muss sich den Vorwurf gefallen lassen, Misswirtschaft betrieben zu haben und nicht nur mit der eigenen Existenz leichtfertig umgegangen zu sein.

Wer sich mit dem Thema Vorsorge beschäftigt, wird mit dem Thema Aktien zwangsläufig persönlich in Berührung kommen. Hier hat sich ein lukratives Geschäftsmodell entwickelt: Viele selbsternannte Börsenexperten spielen mit den Ängsten der Anleger und sagen Börsencrashs voraus, die von ihnen bewusst schwammig formuliert werden, um sie bei Nichteintreten nicht angreifbar zu machen. Sinn und Zweck der Angstschürerei ist natürlich, dass diejenigen, die ein großes Risiko scheuen, Anteile am hauseigenen Fonds erwerben oder zumindest einen Beratungsvertrag unterzeichnen. Die Wahrheit ist allerdings eine andere: Beim Börsencrash 2008 lag der DAX wie alle anderen Aktienindices am Boden, um dann bis heute ein Allzeithoch nach dem anderen zu feiern. In den 12 Jahren dazwischen sind jede Menge Crashs prophezeit worden.

Niemand kann den Beginn einer Krise oder eines Crashs datieren, und niemand kann voraussagen, wann der Tiefpunkt erreicht ist, denn das wäre der ideale Zeitpunkt, in die Aktien zu investieren, von denen man sich einen gewinnbringenden Wertverlauf erhofft. Es klingt so verlockend: Kaufe günstig und verkaufe, sobald sich die Kurse wieder auf Vorkrisenniveau eingependelt haben. Wenn du lernen möchtest, wie du hier konkrete Chancen erkennen und für dich nutzen kannst, solltest du dich jetzt aktiv weiterbilden und von echten Multi-Millionären lernen, die ihr Vermögen in den Krisen und Booms der Vergangenheit gemacht haben.

Börsenhandel funktioniert nicht mit Fakten, sondern mit Wahrscheinlichkeiten – es sei denn, die Kurse wurden manipuliert. Bei aller Liebe zu hohen Renditen: Dein ganzes Hab und Gut im Aktiendepot zu lagern, ist keine gute Idee. Langfristige Planung sollte auf Risikostreuung setzen und gleichzeitig einen Liquiditätspuffer berücksichtigen, damit du in Tiefphasen nicht gezwungen bist, das Tafelsilber im Aktiendepot zu verkaufen. Börsenpoker ist nichts für Leute, die nachts nicht schlafen können, weil am Abend davor der Kurs gefallen ist. Kalte Füße sorgen dafür, dass Aktien überhastet verkauft werden, um Verluste zu begrenzen. Dass ein solches Verhalten den Namen Strategie nicht verdient hat, leuchtet spätestens in der Retrospektive ein.

Wer unternehmerisch denkt, hat keine Angst vor Investitionen, wägt aber die Risiken gewissenhaft ab. Und wenn dir das Risiko zu hoch erscheint, hast du immer noch die Wahl zwischen zwei Optionen: Aussteigen oder Risiko minimieren. Letzteres gelingt dir, wenn du vor dem Geld Zeit investierst, um dich mit Know-how und Informationen zu versorgen. Mehr Wissen bedeutet, Marktmechanismen besser zu verstehen. Wenn sich Zusammenhänge offenbaren und Ursachen und Wirkungen nachvollziehbar sind, lassen sich Risiken nüchterner betrachten. Wenn Risiken statt mit Wissen mit Emotionen bewertet werden, neigt man deutlich eher dazu, Risiken zu fürchten und den Ausstieg vorzuziehen. Der Riss an der Leine sorgt zwar für eine sanfte Landung, ist aber gleichzeitig auch ein endgültiger Abschied aus luftigen Höhen. Und „oben“ war schon immer der Ort, wo das meiste Geld verdient wird.

Das Geld liegt auf der Straße

In Krisenzeiten gibt es wie in sicheren Zeiten die Option, etwas zu pflanzen und zu kultivieren, was man wachsen sehen möchte. Eine leuchtende Zukunft wird in dunklen Zeiten geformt. Es reicht allerdings nicht aus, sich bessere Zeiten vorzustellen. Man muss zur Veränderung einen Beitrag leisten, denn sonst riskiert man, dass die guten Zeiten deutlich länger auf sich warten lassen.

Jetzt ist der beste Zeitpunkt für Veränderung. Das Geld dafür liegt faktisch auf der Straße: Fördermittel und zinsgünstige Kredite warten auf deinen Businessplan. Jetzt ist auch ein guter Zeitpunkt, günstiges Geld in Sachwerte und Ressourcen umzuwandeln. Zudem gibt es viele Menschen mit durchaus viel Geld, die nur darauf warten, es in smarte Gründer und ebensolche Geschäftsideen zu investieren. Erfahrene Investoren, die sich nicht darum scheren, ob diese Ideen in guten oder in schlechten Zeiten geboren werden. Denk immer daran: Wo Einbruch ist, ist Einstieg möglich. Wer allerdings das Risiko scheut, verliert die Chance. Verlass dich im Leben weniger auf Banker, Versicherungsmakler und Schwarzmaler. Manage dein Geld lieber selbst, denn dir selbst vertraust du am meisten.

Was auch immer dich jetzt noch zögern lässt: Für dein Problem kannst nur du selbst die Lösung sein.

Wie sicher ist deine Zukunft?

Kapitelkonzentrat

Alle Jahre wieder werden wir mit erstaunlicher Regelmäßigkeit von einer Krise heimgesucht, die uns nach Jahren kontinuierlichen Wachstums auf den Boden der Tatsachen zurückwirft. Nach der Krise zieht jeder für sich Bilanz, und die meisten machen dann mit bewundernswerter Hartnäckigkeit weiter wie bisher; nur die wenigsten sehen in der Krise die Chance zur Veränderung und die persönliche Pflicht zur Vorsorge. Wirf dein Geld nicht Blendern und selbsternannten Experten hinterher, sondern bewerte Investitionen mit Know-how, Souveränität und nüchterner Risikobewertung. Gerade große Volatilität an den Finanzmärkten bietet dir die Chance auf extreme Gewinne – wenn du weißt, wie du dich im Sattel halten kannst. Warum auf sicherere Zeiten warten? Wenn alles stillsteht, gewinnt derjenige das Rennen, der sich schnell bewegt – und wird so unweigerlich zum Krisenhelden.

KAPITEL 20

Krisenhelden

Herzlichen Glückwunsch – du hast es bis zur 1-Million-Euro-Frage geschafft! Atme jetzt noch einmal tief durch, denn mit der richtigen Antwort ändert sich dein Leben:

Erfolg wird wahrscheinlicher, wenn du …

A. weitermachst wie bisher.
B. ab heute positiver denkst.
C. geduldig auf deine große Chance wartest – und, falls keine kommt, mit A. fortfährst.
D. jetzt durchstartest.

1 Million Euro ist ein relativer Betrag. Erst die Zeit macht ihn absolut, denn es ist ein Unterschied, ob du ein Leben lang dafür arbeiten musst oder lediglich ein Jahr. In kurzer Zeit gelingt das natürlich nur den wenigsten, aber wenn man auf

dem Weg dorthin seinen Claim absteckt, hat man bereits einen beachtlichen Erfolg erzielt. Optimismus allein ist kein Schritt in diese Richtung, sondern lediglich eine Einstellung. Welche Faktoren Erfolg wahrscheinlicher machen, hast du in diesem Buch erfahren – ob und wie du die nächste Krise meisterst, erfährst du allerdings erst, wenn es so weit ist.

Wo dieses Buch aufhört, fängt krisenhelden.de an. Auf unserer Plattform bist du Teil einer aktiven Community, denn deine Anforderungen, Ansprüche und Wünsche fließen in die Gestaltung unserer Inhalte ein. Es spielt keine Rolle, ob du ambitionierter Angestellter, Gründer, erfahrener Unternehmer oder Investor bist: Unser Angebot deckt die komplette Bandbreite vom Basiswissen bis zum Experten- und Nischen-Know-how ab. Du profitierst von smarten Investmentstrategien, praxisnahen Steuertipps und Ideen, die deine Geschäftsprozesse und -kosten optimieren; du erhältst spannende Einblicke in die Gedankenwelt und die Geschäftsideen erfolgreicher Unternehmer; du kannst dich mit Gleichgesinnten vernetzen und erfährst, wie sich abstrakte Businesspläne vom Papier in die Realität umsetzen lassen; und nicht zuletzt findest du bei uns unzählige Tipps, Tricks und Tools, die dir helfen, deine Effizienz deutlich zu steigern, damit dein Tag ein paar Stunden gewinnt. Denn dann bleibt dir noch genug Zeit für unsere Buch- und Medienempfehlungen. Und du kannst mit der richtigen Balance dein Vermögen und deine Kinder aufwachsen sehen, ohne das Eine für das Andere zu opfern.

Warum „Umdenken" die Strategie deines Lebens ist

„Reicher werden" war bisher den Reichen vorbehalten, weil unser Wirtschafts- und Steuersystem genau darauf ausgerichtet ist. Schließlich haben die Eliten dieses System mitsamt seinen Regeln einst selbst definiert. Mit krisenhelden.de möchte ich meinen Teil dazu beitragen, dass die Strategien und Möglichkeiten der Elite allen zur Verfügung stehen, die bereit sind, Geld, Zeit und Engagement in ihre eigene finanzielle Unabhängigkeit zu investieren. Keiner gewinnt allein, und deshalb setzen die Krisenhelden auf den Netzwerkgedanken. Nur in einer starken und kompetenzgeprägten Community kann Wissen in die richtige Richtung fließen.

Angestellte finden bei uns nicht nur das richtige Krisenmindset und neue Ideen fürs Homeoffice. Unsere Inhalte versorgen dich vor allem mit Inspiration und Leitfäden, um Unternehmer im Unternehmen zu werden. Wir zeigen dir, wie du als Intrapreneur deine Stellung festigst und ausbaust und wie du dich nach und nach zur Säule deines Arbeitgebers entwickeln kannst. Damit schaffst du dir exzellente Ausgangspositionen für künftige Verhandlungen von Gehältern, Positionen und Freiräumen. Vielleicht bist du auch gerade auf der Suche nach einem zweiten oder dritten Standbein, um weitere Einkommensfelder zu generieren. Auch dafür findest du bei uns motivierende und spannende Ideen aus der Praxis. Wenn du deinen Traum von der Selbstständigkeit umsetzen möchtest (nie waren die Rahmenbedingungen günstiger!), kannst du bei uns den gesammelten Wissensschatz erfolgreicher Unternehmer und die wertvollen Tipps smarter Investoren nutzen. Bei uns findest du Mentoren, die dir neue Perspektiven verschaffen und dich vielleicht in eine völlig andere Richtung lenken, wo sich deine Fähigkeiten deutlich besser entfalten können.

Unternehmer und **Selbstständige** finden bei uns Problemlösungen, denn Meinungen und Ratschläge anderer Unternehmerpersönlichkeiten bieten gerade in Krisenzeiten wertvolle Entscheidungshilfen. Aus unzähligen Branchen versorgen wir dich mit Input, der dir hilft, Risiken und Möglichkeiten neu zu bewerten: Wie lässt sich Digitalisierung schneller umsetzen? Wie kann Remote-Working effizient ausgebaut werden? Wie kann Unternehmensnachfolge sinnvoll geregelt werden, ohne dem Unternehmen selbst zu schaden? Welchen Anteil hat die Unternehmenskultur an der Unternehmensentwicklung? Welche Kredite und Fördermittel stehen wem zur Verfügung? Wie schaffe ich gerade durch die Automatisierung mehr Fokus auf die Entwicklung und das persönliche Wachstum von Mitarbeitern? Worauf muss ich achten, wenn ich aus meinem Unternehmen ein Start-up ausgliedern möchte? Wie kann ich meine Liquidität spürbar erhöhen, Steuerbelastung legal und nachhaltig senken und entspannt durch diese Krisenzeiten navigieren? Bestimmt findest du bei uns auch auf deine Fragen Antworten, die dein Unternehmen Stück für Stück nach vorn bringen.

Investoren und die, die es werden wollen, finden bei uns Expertenwissen aus den Bereichen Immobilien, Aktien, Unternehmensbeteiligungen, Währungshandel, Trading, Finanzoptimierung und Vermögensaufbau. Du findest bei uns wertvolles Know-how, um Marktverhalten und Aktienkurse richtig zu analysieren und erfährst, nach welchen Kriterien erfahrene Immobilieninvestoren angebotene Objekte bewerten. Und triffst vielleicht schon bald auf die Chance deines Lebens, am Anfang bei einer großen Idee zu investieren, durch die du dich in 10 Jahren zur Ruhe setzen kannst.

Alle Krisenhelden profitieren von Aussichten, Einblicken und Prognosen unserer Experten. Wir wissen heute ziemlich genau, in welchen Berufen und Tätigkeitsfeldern Technologie und Digitalisierung menschliche Arbeitskraft künftig obsolet machen werden. Wer dann noch Geld verdienen möchte, muss seine Zelte dort aufschlagen, wo uns Programme und Maschinen unterlegen sind. Das sind die Felder, wo Kreativität, Empathie, Begeisterung und Inspiration gefordert sind, wo neue Lösungen nicht errechnet, sondern unter Berücksichtigung emotionaler Reaktionen gefunden werden.

Dieses Buch ist hier zu Ende. Dein Weg noch lange nicht. Deine Freiheit und Unabhängigkeit sind nur eine Entscheidung entfernt. Die Welt braucht Krisenhelden. Und du brauchst uns. Jeder Kontakt, jedes Video, jedes Webinar, jedes Interview und jeder Expertentipp ist ein Steigeisen auf dem Weg zum Erfolg. Nimm mit, was du brauchst, um die Ziele deines Lebens zu erreichen. Denn dann ist die Krise für dich ein gewaltiger Katalysator.

Willkommen bei den Krisenhelden.
Auf** *deine* **Freiheit,

dein Marc Schippke